LES ANCIENS ET LES MODERNES –
ÉTUDES DE PHILOSOPHIE
sous la direction de Chantal Jaquet et Pierre-Marie Morel
31

Oreste et Néron

Ouvrage publié avec le soutien de l'Institut d'histoire des représentations
et des idées dans les modernités, UMR 5317

Isabelle Sgambato-Ledoux

Oreste et Néron

Spinoza, Freud et le mal

Préface de Pierre-François Moreau

PARIS
CLASSIQUES GARNIER
2017

Isabelle Sgambato-Ledoux, agrégée et docteur, membre associé de l'IHRIM (Institut d'histoire des représentations et des idées dans les modernités), est professeur en classes préparatoires aux grandes écoles. Sa thèse portait sur « Les causes de l'impuissance animique : la question du mal chez Freud et Spinoza ». Elle poursuit ses recherches sur les rapports entre travail et institutions, la nature du lien social et la question du judaïsme.

ISBN 978-2-406-06128-1 (livre broché)
ISBN 978-2-406-06129-8 (livre relié)
ISSN 2109-8042

À Pascal et Maxime.

ABRÉVIATIONS

POUR SPINOZA

TRE	*Traité de la réforme de l'entendement*
CT	*Court traité*
PPD	*Les principes de la philosophie de Descartes démontrés selon la méthode géométrique*
PM	*Pensées métaphysiques*
E	*Éthique*
TTP	*Traité théologico-politique*
TP	*Traité politique*
L suivi du numéro de la lettre	*Lettres*

Pour l'*Éthique* :

déf.	définition
prop.	proposition
dém.	démonstration
sc.	scolie
coroll.	corollaire
expl.	explication
ax.	axiome
post.	postulat
lem.	lemme
Déf. des Aff.	Définition des Affects
Déf. Gén. des Aff.	Définition Générale des Affects

Nous utilisons la traduction de l'édition en cours aux Presses Universitaires de France, sous la direction de P-Fr. Moreau, et, pour l'*Éthique* et les *Lettres*, celle de Ch. Appuhn, que nous modifions en remplaçant « affection <*affectus*> » par « affect ».

POUR FREUD

GW	*Gesammelte Werke*
OCP	*Œuvres complètes. Psychanalyse*

Les autres titres, donnés en allemand et en français dans ces deux éditions, ne sont pas abrégés.

PRÉFACE

Figures et concepts

Adam, Néron, Oreste, les Prophètes, l'aveugle, « l'homme qui a le sang épais » et donc l'imagination emplie de scènes brutales : la correspondance entre Spinoza et Blyenbergh semble compter autant, sinon plus, de personnages que de concepts. Ou plutôt c'est en confrontant leurs interprétations des actions et des états de ces personnages que les deux interlocuteurs mettent au jour leurs divergences sur les questions du mal, de la finitude et de la responsabilité. C'est le mérite d'Isabelle Ledoux d'avoir pris cette particularité au sérieux, de même qu'elle prend au sérieux la progression des arguments avancés et modifiés tout au long des huit lettres que dure cet échange épistolaire. Ces figures, comme elle le dit à juste titre : « tiennent le milieu entre l'illustration et la synthèse expérientielle censée fournir son matériau à l'élaboration théorique ».

Spinoza procède ailleurs – dans l'*Éthique* ou dans le *Traité Théologico-politique* – à de telles convocations de personnages. Alexandre en est l'exemple le plus frappant, mais on y trouve aussi le poète espagnol frappé d'amnésie, le jeune homme qui s'engage dans l'armée pour fuir l'autorité paternelle ou l'amant qui craint de susciter des rivaux en vantant sa maîtresse. Quant à Adam, on le retrouve dans pratiquement chacun de ses ouvrages. L'intérêt de ces exemples est qu'ils sont souvent en avance sur le raisonnement, parce qu'ils ont une charge concrète plus riche que l'énoncé qu'ils illustrent – mais plus pauvre en causalité que l'énoncé qui suivra (pas nécessairement tout de suite) : ils permettent donc d'amorcer une démonstration dans l'instant même où l'on semble en poursuivre une autre. La chair dont l'histoire ou la légende revêtent la première n'est pas de l'ordre de la contingence, elle renvoie à d'autres lois, ou à d'autres effets du système des lois, que l'énoncé qu'elles sont appelées à accompagner. Elles fournissent donc au lecteur une éthique ou une politique concrètes, là où le raisonnement seul expose une éthique ou une politique abstraites – en ce sens qu'il ne mentionne que ce qui est nécessaire à ce point précis, alors que la figure historique charrie avec elle une consistance supplémentaire, explicite ou facilement imaginable, qui lui confère une plus grande puissance de persuasion. La figure est donc à la fois plus et moins significative que le concept. Plus, parce qu'elle l'entoure de l'effectivité de l'expérience ; moins, parce que ce qui en elle dépasse le cadre de la simple illustration doit attendre d'une démonstration ultérieure la plénitude de sa signification. Il faut cependant remarquer que l'*Éthique* ou le *Traité* ne fonctionnent pas à cet égard comme la correspondance : Spinoza y est maître du jeu ; auteur unique de ces textes, il décide à quel moment il place des exemples, quelle importance il leur donne, dans quelle mesure il fait appel à un savoir préétabli du lecteur ; il peut même se permettre d'insérer des exemples que le lecteur ne connaît pas, ou sans doute pas, et où il doit alors donner lui-même toutes les références. Certes, une partie de l'efficace de ces instants narratifs tient au fait qu'ils font appel le plus souvent à une culture partagée (issue de la Bible ou des auteurs latins – voire de la vie quotidienne), donc susceptible de prêter un minimum d'évidence à l'exemple en l'inscrivant dans le registre du bien connu ; mais le cas extrême de l'allusion au poète espagnol, où Spinoza ne donne même pas assez de détails pour laisser reconnaître de qui il s'agit, montre qu'à la limite le vraisemblable peut remplacer le bien connu. Cas limite qui indique à quel point l'articulation entre exemplification et raisonnement s'effectue sous la juridiction du raisonnement.

Qu'en est-il alors dans une lettre, et plus spécialement dans celles échangées avec Blyenbergh ? Ici l'exemple est proposé parfois par l'interlocuteur, ce n'est pas Spinoza qui l'insère dans l'enchaînement des raisons, ou dans son double, l'ordre des scolies ; ou bien, si Spinoza l'introduit, c'est en réponse à un argument avancé par l'interlocuteur. Il n'est pas maître du jeu – et à vrai dire personne ne l'est, puisque chacun, lorsqu'il avance un argument ou un exemple, ignore encore ce qu'en fera l'autre dans la lettre suivante. C'est pourquoi il faut être attentif au statut de ces lettres : comme Isabelle Ledoux le rappelle, Blyenbergh n'est pas un imbécile superstitieux comme l'est Boxel, ni un converti qui ne pense qu'au prosélytisme comme l'est devenu Albert Burgh. Ce n'est pas non plus un disciple comme Meyer, Jelles ou De Vries, qui n'écrit que pour demander des précisions sur une doctrine déjà acceptée. C'est quelqu'un qui sans doute souhaite concilier sa foi protestante et la philosophie nouvelle, qui a donc acheté les *Principia* pour connaître le cartésianisme, et qui souhaite engager le dialogue avec Spinoza. Mieux encore : après la première réponse de celui-ci, il lui écrit « plus je l'ai méditée, moins j'y ai trouvé de matière à objections et le plaisir que je prenais à la lire n'était pas moindre que le désir que j'en avais eu » – tout en constatant leurs divergences. Pour chacun des deux, au début du moins (et, en ce qui concerne Blyenbergh, pour longtemps encore), l'autre est quelqu'un avec qui l'on peut discuter. C'est même une des rares fois où il y a un vrai dialogue.

La question se pose alors : comment ce dialogue peut-il avoir lieu, entre deux personnes dont les bases de raisonnement ne sont pas les mêmes ? Comment trouver un terrain commun sur lequel échanger des arguments ? La réponse, ou l'une des réponses, est peut-être là : en examinant ensemble ce matériau commun que sont les personnages historiques, mythologiques ou bibliques. Ils forment une donnée d'expérience, sur laquelle chacun peut exercer sa force interprétative. Ces personnages sont en somme l'équivalent des expérimentations sur le salpêtre dans la correspondance échangée avec Boyle par l'intermédiaire d'Oldenburg – où l'on voit chacun apporter son interprétation des phénomènes constatés lors des processus chimiques (et éventuellement les compléter par une expérimentation supplémentaire). Il faut remarquer qu'ils ont une consistance analogue en ce qu'ils ne sont pas inventés par l'un ou l'autre des interlocuteurs : s'ils fournissent une base à la discussion, c'est parce qu'ils lui sont antérieurs. Ce ne sont pas des exemples inventés *ad libitum*. Ils ont une positivité, une résistance : le texte où leur existence, même passée, même mythologique, trouve son objectivité. Et même si celui-ci n'est jamais cité explicitement, même s'il n'est présent que par l'histoire qui, grâce à lui, est passée dans la culture commune, il assure l'ancrage dans un monde référentiel commun : le texte biblique pour Adam, celui de Tacite et de Suétone pour Néron, la légende grecque pour Oreste – ni Spinoza ni Blyenbergh n'ont sans doute lu Eschyle, mais il existe des versions latines de son histoire : la huitième *Héroïde* d'Ovide, et les *Fables* d'Hygin. C'est face à ces faits acquis, objectifs, reconnus de la même façon par tous et donc par les deux correspondants aussi, que doit se construire un espace de variations où chacun va affirmer sa propre position.

En quoi consistent exactement ces exemples ? Car c'est bien d'exemples qu'il s'agit (*by voorbeelt*, *exempli gratia*, dit la première lettre en introduisant Adam pour poser le problème de la volonté) mais ils ne se réduisent pas à des noms. Le nom est là pour rappeler à l'imagination une séquence d'événements – une série de faits et gestes que tout le monde connaît. L'imaginatif est du narratif. À chacun ensuite de donner son interprétation de cette séquence ; et à l'autre de vérifier si elle rend vraiment compte, à ses yeux, de ce qui s'est passé, ou de proposer à l'inverse sa propre interprétation. On remarquera que cette procédure se trouve en accord avec la théorie spinoziste du signe : la trace des pas du cheval que relève le paysan lui fait penser à la charrue et au champ, et au soldat elle renvoie l'image de la guerre ; de même le nom propre raconte une histoire – mais alors il est là pour représenter un récit et même, en un sens, la « moralité » du récit, au sens où tous savent qu'Adam fut condamné pour son acte, qu'Oreste finalement fut absous pour le sien, que Néron fut considéré comme un tyran et périt. Paradoxalement, le nom propre renvoie non à une singularité, mais à un patrimoine commun ; ou plutôt à un matériel partagé à partir duquel seulement peuvent se construire des singularités.

Les faits dont se compose l'histoire ne sont pas seulement des actes ; ce sont aussi des intentions (Isabelle Ledoux signale bien qu'à la différence d'Œdipe, Oreste tue sa mère en le sachant). On ne peut donc pas dire que les actes de Néron et d'Oreste, identiques dans leur matérialité (le matricide) se distinguent par leurs intentions – puisque nous savons qu'ils ont la même : tous deux ont agi lucidement. La différence c'est que cette intention est au service de deux buts bien distincts : dans le cas de Néron, il est « ingrat, impitoyable et insoumis » et c'est donc pour cette position éthique (voire politique, car ces termes ont sans doute une telle résonance sous la plume de Spinoza) qu'il est condamnable ; dans celui d'Oreste, il s'agit de faire justice en vengeant son père que Clytemnestre avait tué. On pourrait même ajouter qu'il devait défendre sa propre vie (Égisthe veut le faire assassiner et se réjouit quand on lui apporte les preuves – inventées – de sa mort). Spinoza ne prend pas la peine de le dire, comme si cela allait de soi : puisque tout le monde le sait ; d'ailleurs Hygin, quand il présente l'histoire, met en avant le désir de venger son père et la menace qui pèse sur sa vie plus que l'action du meurtre elle-même (fable 119).

Ce qui est partagé, ce ne sont pas simplement des faits, ni même les intentions : c'est aussi un jugement sur les faits (quelle accusation mérite l'auteur des faits ?). Le dialogue ne fonctionne que parce que Spinoza et Blyenbergh sont censés avoir le même et se comportent effectivement comme s'ils avaient le même, et comme si tous devaient avoir le même – en somme, *comme si le jugement faisait partie du récit.* Nous sommes censés condamner Adam (même si la question est de savoir sur quoi on le condamne) ; nous savons que Néron est infâme (même s'il reste à dire pourquoi), et qu'Oreste au contraire ne l'est pas, bien qu'il faille un peu réfléchir pour y parvenir (mais à quoi en fin de compte faut-il réfléchir ?). Spinoza écrit, dans la *Lettre* 23, « Le matricide de Néron, par exemple, en tant qu'il contient quelque chose de positif n'était pas un crime ; Oreste a pu accomplir un acte qui extérieurement est le même et avoir en même temps l'intention de tuer sa mère, sans mériter la même accusation que Néron *<& tamen, saltem uti Nero, ità non accusatur>* ». Donc l'espace de variation est mince, il se glisse entre les faits, l'intention et le jugement – qui constituent donc la culture commune. C'est sur le terrain ainsi partagé que deux positions philosophiques opposent leurs lectures de ce que symbolisent ces figures.

C'est parce que cette culture commune existe que le dialogue peut, malgré tout, se prolonger huit lettres durant. C'est parce que la divergence des interprétations se révèle finalement plus forte que la communauté que le dialogue se brise.

Pierre-François MOREAU

INTRODUCTION

> En ces jours-là, on ne dira plus : « Les pères ont mangé des raisins verts, Et les dents des enfants en ont été agacées ».
> *La Bible*, Livre de Jérémie, XXXI, 29, trad. L. Segond.

La correspondance de Spinoza et de Guillaume de (ou Willem van) Blyenbergh, connue sous l'appellation des « lettres sur le mal », donne lieu à un échange assez long, nourri, parfois vif : contrairement à P. Balling, Blyenbergh n'est pas un ami, ni même un proche de Spinoza. C'est à son initiative que le dialogue commence et que la question du mal et de ses grandes figures devient le thème central de l'échange : celles du péché originel, de la finitude et enfin, du crime, celle-ci engageant, à ses yeux, la question de la responsabilité divine aussi bien qu'humaine.

Bien que son ton ne soit peut-être pas toujours aussi posé qu'il l'eût fallu – on le sent prompt à s'indigner, passionné, viscéralement attaché à une conception du libre arbitre qui vise à légitimer philosophiquement l'essentiel de ses croyances théologiques plus qu'à les questionner, il pose à Spinoza de bonnes questions, qui sont l'occasion de développements importants étayés par des exemples souvent remarquables, dont beaucoup sont de Spinoza. Indifféremment issus de la tradition religieuse – ainsi celui d'Adam –, de l'expérience – tel celui de l'aveugle –, voire de l'histoire, réelle ou mythique – ainsi Néron et Oreste –, ces exemples, traités sans considération de la diversité de leur provenance, tiennent le milieu entre l'illustration et la synthèse expérientielle censée fournir son matériau à l'élaboration théorique.

On s'interrogera donc sur les présupposés d'un tel crédit accordé à la littérature au sens large : il est difficile de n'y voir que l'effet d'une hâte ou d'une absence d'examen imposées par l'étroitesse du cadre épistolaire. Non seulement certains sont présents par ailleurs dans l'*Éthique*, mais ils y abondent sans être particulièrement plus développés : au contraire, leur forme de courtes vignettes, sobres et profondes, toujours marquées, quand il s'agit des comportements humains, d'une grande acuité psychologique, confine à l'épure. Est-ce simplement que les récits mythiques et historiques exhibent des figures et des situations humaines connues de tous, appartenant à un registre culturel commun et donc aisément mobilisables et exploitables par l'analyse, sorte de typologie ou de nosographie avant la lettre des figures sous lesquelles s'associent, sous une forme systématique ou significative, les mécanismes de la nature humaine[1] ? Ou bien, conformément à l'hypothèse que nous avons développée par ailleurs[2], Spinoza reconnaît-il, comme il l'a fait pour les prophètes et, en une occasion singulière, pour son ami P. Balling[3], dans les poètes et les auteurs de récits historiques et religieux, un régime proprement actif de l'imagination, caractérisé par sa productivité imaginative (et non simplement imaginaire) corrélée à un ordre de l'entendement ou du moins, à un ordre semblable au sien ?

Il n'est d'ailleurs peut-être pas anodin que la *L* 17, dans laquelle nous avons décelé une telle hiérarchie des modalités imaginatives, précède immédiatement, dans la chronologie de la correspondance, l'échange mené avec W. van Blyenbergh : non que nous pensions que ce dernier pourrait en être empreint (il le pourrait effectivement, mais il ne comporte à première vue rien qui permette d'affirmer que c'est le cas), mais se dessine là comme une parenthèse temporelle, durant laquelle décidemment Spinoza fut voué, au moins dans ses écrits épistolaires, aux études anthropologiques et psychologiques tout autant qu'éthiques : du 20 juillet 1663, date de son unique lettre conservée à Balling, au 3 juin 1665, il n'est distrait que par une lettre d'Oldenburg (datée du 28 avril 1665), à laquelle il répond juste avant d'interrompre abruptement le dialogue finalement peu probant qu'il s'efforçait d'avoir avec Blyenbergh. Autant dire que sa brève et dernière missive compte peu, si ce n'est comme fin de non recevoir brièvement signifiée et justifiée :

1 Voir à ce sujet P.-Fr. Moreau, « Spinoza narrateur », in *Lectures contemporaines de Spinoza*, Paris, PUPS, 2012, p. 277-285.

2 Dans *Les causes de l'impuissance animique. Spinoza à la lumière de Freud* (à paraître). Tout ce qui, dans le présent ouvrage, se rapporte à la mort animique, à la prophétie, à l'activité de l'imagination et à la *L* 17 s'y trouve développé et justifié.

3 *L* 17.

tout se passe donc, dans les faits, – soit coïncidence, soit hasard dans la conservation et la transmission des lettres, soit, au contraire, sélection délibérée, par Spinoza lui-même, de la correspondance qu'il voulait conserver –, comme s'il avait été absorbé, pendant presque deux années, dans la considération du fonctionnement animique de l'être humain[4].

Blyenbergh, d'ailleurs, n'a pas manqué de fournir, dans sa propre personne, un aliment à sa réflexion, de sorte que leur correspondance se déroule à un double niveau : il y a ce qu'ils se disent, et il y a ce qui se passe entre eux. L'ordre du discours, comme c'est aussi le cas dans toute grande littérature, y est le lieu d'un surgissement du réel dont le philosophe fait l'expérience du caractère inattendu et incontrôlable : il croyait parler d'âme à âme <*de mente ad mentem*>[5], il reconnaît qu'il s'adressait, dans le langage de l'entendement, à une *anima* (ou *animus*). Il est d'ailleurs remarquable que l'échange se soit poursuivi sur une telle durée alors même que, d'un point de vue psychologique aussi bien que philosophique, ses conditions n'étaient pas les plus favorables.

Pourtant, si elles ne sont pas nombreuses – Spinoza et Blyenbergh se sont écrits chacun quatre fois – leurs lettres sont, à l'exception de la dernière, longues et approfondies : ainsi, malgré son échec final, avons-nous affaire à un vrai dialogue, qui, manifestement, a suscité l'intérêt de Spinoza par les questions qu'il soulevait, et pas seulement par bienveillance. Si on le voit poursuivre l'échange pour tenter de faire comprendre ses positions à un interlocuteur qui ne les entend d'abord guère, il est aussi poussé dans ses retranchements, ou en tout cas amené à les approfondir, par les remarques et les objections que celui-ci lui adresse. Néanmoins, Blyenbergh manifeste une ambiguïté qui, parce qu'elle persiste en dépit de toute raison, finit par compromettre le bon déroulement de l'échange.

Spinoza, en effet, d'abord amical et bienveillant, perd de son équanimité dès la deuxième missive de celui-ci, car elle révèle, par son ton

4 Conformément à l'usage que fait Spinoza des termes *anima*, *animus* ou *animata* dans l'*E*, nous désignons par « anima » ou « animique » la partie <*pars*> de l'âme qui se rapporte <*refertur*> au corps, par distinction d'avec celle qui contient les idées adéquates. Enfin, Spinoza utilisant le terme *mens* pour désigner l'âme humaine en général, tandis qu'il nomme sa partie proprement rationnelle tantôt *mens*, tantôt *intellectus*, avons-nous utilisé, dans un souci de précision et de clarté, de préférence le terme « âme » pour la première acception, et les termes « intellect », *intellectus* ou « esprit » pour la seconde.

5 *TTP*, I, § 19.

aussi bien que par les arguments qu'elle emploie, que son interlocuteur ne correspond pas au portrait qu'il a dressé de lui-même dans sa première lettre, celui d'un homme qui, « par amour de la vérité pure, s'efforce vers la science[6] » et « ne se propose, en recherchant la vérité, d'autre but que la vérité elle-même[7] ». Il se veut, en effet, « un philosophe chrétien[8] », c'est-à-dire qu'il fait de l'observation de « la parole révélée de Dieu ou la volonté de Dieu[9] » la règle suprême de l'établissement du vrai, particulièrement quand « la connaissance naturelle[10] » paraît la contredire *<pugnare>* : difficile, sur le fond, d'être plus éloigné de Spinoza[11].

Du coup, tout son propos fait se succéder arguments rationnels et considérations religieuses : il distingue les registres (sa lettre est organisée en deux grandes parties consacrées respectivement aux uns et aux autres), mais pas leur différence qualitative, les jugeant manifestement au moins d'égale valeur[12]. Il finit d'ailleurs par s'alarmer lui-même de ce qu'il croit comprendre des conséquences des thèses de Spinoza et son ton devient, par moments, pressant, voire moralisateur :

> Et voyez, je vous prie, de quoi cela nous prive, je veux dire d'un travail anxieux et sérieux pour nous rendre parfaits suivant la règle de la perfection divine[13] et l'ordre qui nous a été prescrit ; nous nous privons de la prière et des soupirs vers Dieu, par lesquels nous avons si souvent perçu que nous recevions une consolation extraordinaire ; nous nous privons de toute la religion, et de tout cet espoir, de tout cet apaisement, de tout ce que nous attendons des prières et de la religion[14].

---

6 *« qui desiderio purae, et sincerae veritatis impulsus in scientia, (…) figere studet »*, *L* 18. Le texte latin est celui des *Opera posthuma*.

7 *« quique nullum alium, ad indagandum veritatem, scopum sibi praefixit, quam ipsam veritatem »* (*Ibid.*).

8 *« Christianus ut sim Philosophus conor »*, *ibid.*

9 *« Verbum Dei revelatum, vel Dei voluntas »*, *ibid.*

10 *« naturalis mea cognitio »*, *ibid.*

11 Celui-ci en fait d'ailleurs « la raison profonde du dissentiment qui est entre nous *<rationem (…), quibus magnum nostrum dissensum>* », *L* 23.

12 À vrai dire, il apparaît peu à peu que ses affects – en particulier l'angoisse suscitée par la considération de la finitude humaine et l'espoir corrélatif d'une immortalité de l'âme – l'amènent à privilégier le discours théologique.

13 Il s'agit de la « seconde règle *<secundum regulam>* » énoncée par Blyenbergh au début de sa deuxième missive, celle de « la parole révélée de Dieu ou volonté de Dieu *<Verbum Dei revelatum, vel Dei voluntas>* », la première étant « le concept clair et distinct de mon entendement *<clarus, et distinctus mei intellectus conceptus>* », *L* 20.

14 *« Et vide, quaeso ab alia parte, qua re nos privemus, nempe anxia, et seria meditatione ad nos ipsos secundum regulam perfectionis Dei, et ordinem nobis impressum perfectos reddendum ; nosmet*

Les lettres de Blyenbergh contenant maints passages de ce genre, nous nous contenterons de citer celui-ci, à titre d'échantillon : le tout peut sembler assez exaspérant, ou du moins susceptible de causer une certaine irritation, non seulement parce que Blyenbergh apparaît comme un homme à la fois passionné et épris de théologie, mais aussi parce qu'il n'entend pas du tout ce que Spinoza, dans sa première réponse, a cherché à lui faire comprendre, ce qui ne l'empêche nullement de s'efforcer abondamment (et même surabondamment), de lui démontrer qu'il a tort. Les malentendus et les obstacles à un dialogue serein apparaissent donc d'emblée pour ce qu'ils sont, à la fois nombreux et quasi insurmontables, et révèlent, dans toute son ampleur, quel type de résistance les positions de Spinoza suscitent : passionnel et animique (nous dirions aujourd'hui : psychologique ou psychique) largement autant qu'intellectuel.

La deuxième lettre de Blyenbergh, extrêmement prolixe, requiert manifestement énormément de travail, de temps, de pédagogie et de patience, pour qui voudrait s'atteler à répondre sérieusement. Spinoza répond pourtant, comme il répondra plus tard à Hugo Boxel, si superstitieux et crédule, comme il répondra, aussi, à Albert Burgh, qui a pourtant trouvé le moyen d'associer l'injure à une ingratitude choquante. Par rapport à eux, Blyenbergh est, *a priori*, un interlocuteur tout à fait valable : lettré, avide de débattre, curieux – sa démarche même l'atteste – de ce que son époque connaît de mieux en science et en philosophie, il a lu les *Principes de la philosophie de Descartes démontrés selon la méthode géométrique* et les *Pensées métaphysiques*, et semble postuler que Spinoza et lui doivent, à partir de cette familiarité commune avec la philosophie cartésienne, pouvoir s'entendre : il fait partie de ces gens qui ont pensé pouvoir concilier cartésianisme et protestantisme et c'est sans doute pour cela qu'il a lu les *Principia*.

Il est sans doute difficile d'imaginer le choc que la première lettre de Spinoza a dû lui causer ; il apparaît néanmoins dans le désarroi qu'elle suscite dans sa deuxième missive. Si l'on prête attention au ton de Blyenbergh dans sa première réaction à la réponse spinozienne, on s'apercevra qu'il serait inexact, malgré l'emportement dont il fait

precatione, et ad Deum suspiriis, quibus tam saepe extraordinariam confortationem accepisse percepimus, orbamus (...) nosmet tota Religione, ac omni illa spe, et acquiescentia, quam ex precibus, et Religione speramus, orbamus », L 20.

preuve à certains moments, de dire qu'il est indigné ; ainsi déclare-t-il avec franchise : « plus je l'ai méditée, moins j'y ai trouvé de matière à objections et le plaisir que je prenais à la lire n'était pas moindre que le désir que j'en avais eu[15] ». Il est donc heureux que Spinoza lui ait répondu, et perméable à ses arguments.

Mais affleurent peu à peu, au fur et à mesure qu'il énonce ce qu'il pense être les implications des thèses spinoziennes[16] – pas de façon si maladroite qu'on pourrait le craindre (il a même, pour quelqu'un qui ne connaît rien de la philosophie de Spinoza, plutôt du flair pour trouver les points de divergence et leurs conséquences), – un désarroi[17], un effroi[18], un sentiment de scandale diffus[19] : son adhésion à ces thèses requiert l'abandon de trop de croyances et Blyenbergh réagit comme un homme qui a peur d'envisager, ou plutôt de ré-envisager, les choses, le monde, sa propre existence, sans elles.

15 *« quo eam magis volvebam, eo minorem objectionum materiam inveniebam, et quantum desiderium legendi me ceperat, tantam legendo percepi voluptatem ».*

16 Par souci de précision, nous désignons par « spinozien » ce qui relève des textes de Spinoza, et par « spinoziste » ce qui a trait au développement ultérieur de sa pensée.

17 Par exemple dans la *L* 20 : « Dieu veut ou ne veut pas. S'il veut, comment ce qu'il veut peut-il être un mal relativement à nous ? S'il ne veut pas, d'après vous, l'événement ne peut pas être. (...) Qui sait si, en cas que je cherche anxieusement, il ne se trouverait pas quelque remède pour concilier ces exigences opposées ? ».

18 « Quand je pense à la brièveté et à la fuite de cette vie où j'attends la mort à tous les instants, si je devais croire que je cesserai d'être (...), certes je serai plus misérable qu'aucune des créatures à qui manque la connaissance de leur fin. (...) Or vos opinions me semblent conduire à ceci que, cessant d'être en ce monde, je cesse d'être pour l'éternité », *ibidem*. Ce thème sera à nouveau abordé par Blyenbergh, après sa rencontre avec Spinoza, en des termes plus intéressants, qui attestent que Spinoza lui a fait part, au moins en partie, de certaines de ses thèses propres : « Il semble découler de là qu'à la ressemblance du corps humain, qui se compose de milliers de parties étendues, l'âme humaine se compose de milliers de pensées et que, le corps se dissolvant (...), notre âme se dissout, quand elle se sépare du corps (...). Votre thèse en revient, (...) à soutenir que la substance pensante de l'homme subit des changements et se dissout comme le font les corps, ou même que certaines âmes périssent entièrement, vous l'affirmez des impies, si je ne me trompe, et qu'aucune pensée ne demeure en elles », *L* 24.

19 Ainsi, dans la *L* 20 : « La vertu, direz-vous, doit être aimée pour elle-même. Mais comment puis-je aimer la vertu ? Je n'ai pas reçu en partage une si grande quantité d'essence et de perfection. Et s'il m'est possible de retirer autant d'apaisement de telle manière d'agir que de telle autre, pourquoi employer ma force à contenir ma volonté dans les limites de mon entendement ? Pourquoi n'agirai-je pas suivant mon inclination ? Pourquoi ne tuerai-je pas secrètement un homme qui m'est contraire ? Voilà quelle facilité nous donnerions à tous les impies et à l'impiété ; nous nous rendons semblables à des troncs et toutes nos actions pareilles au mouvement des horloges ».

C'est cette fibre affective des croyances et des valeurs auxquelles est attaché Blyenbergh qui va faire échouer le dialogue, non sans combat, car la charge spinozienne est puissante et son interlocuteur, bien souvent, semble beaucoup moins s'insurger contre elle qu'être en proie à une lutte intérieure. En effet, à plusieurs reprises au cours de cette correspondance, son intellect paraît convaincu, il montre, également, qu'il est impressionné par la hardiesse et la sûreté des raisonnements spinoziens et ne cache pas, une fois qu'il a réalisé à qui il a affaire (notamment après son entrevue avec Spinoza), la conscience qu'il a de la supériorité de son interlocuteur[20] : mais font alors retour des forces animiques qui se manifestent aussi bien dans des modifications du ton[21] que des « glissements » (des changements de registres parfois marqués, parfois subreptices) dans le raisonnement.

Spinoza, d'ailleurs, identifie clairement « la raison profonde du dissentiment qui est entre nous[22] » :

> vous avez en outre écrit (...) que tout votre espoir et votre désir était de persévérer dans la foi et l'espérance et que le reste, les convictions que nous pouvons nous communiquer l'un à l'autre touchant l'entendement naturel, *vous est indifférent*[23]. L'idée m'est donc venue, et elle continue d'occuper mon esprit, que mes lettres ne vous seraient d'aucun profit <*animo volvebam, uti et jam revolvo, meas nulli usui futuras*>[24].

La tournure latine « *meas nulli usui futuras* », que l'on pourrait aussi traduire plus littéralement par « que mes lettres ne vous seraient d'aucun usage » indique assez que Spinoza ne pense pas, par la raison, pouvoir davantage convaincre son interlocuteur, ni l'amener à être plus rationnel : manifestement, il considère avoir déjà fait tout ce qui était en son

20 Ainsi *L* 22 : « Je réponds amicalement que, suivant ma conviction ferme, vous entendez mieux que moi ces matières (...) : vous êtes parvenu en effet au degré supérieur en métaphysique où je ne suis qu'un novice, c'est pourquoi je souhaite votre aide ».

21 Il devient parfois si exalté que Blyenbergh semble prier, ou intercaler des réminiscences de psaumes dans son propos : « que Dieu affermisse dans mon âme cette certitude [de demeurer, "lors de la dissolution du corps", "un être intellectuel capable de contempler cette Divinité très parfaite"], et, si je la possède (...), que mon âme clame dans son désir, comme le cerf haletant aspire à l'eau de la rivière : mon âme te désire, ô Dieu vivant », *ibid.*

22 « *rationem (...), quibus magnum nostrum dissensum* », *L* 23.

23 « *scripteras, te tantummodo sperare, et optare, ut in fide, ac spe perseveres, atque reliqua, quae nobis invicem de intellectu naturali persuademus,* tibi esse indifferentia », *ibidem* (nous soulignons).

24 *Ibid.* (nous soulignons).

pouvoir pour cela (il acceptera néanmoins de recevoir Blyenbergh, qui avait annoncé son intention de lui rendre visite[25]).

À bien la considérer, la proclamation d'une telle indifférence est effectivement inquiétante. Elle signale que la soumission à l'autorité des vrais prophètes, bien qu'elle soit infiniment moins nuisible, a ceci de commun avec la soumission à l'autorité illusoire des faux prophètes qu'elle est constitutive d'une impossibilité – dans le cas de Blyenbergh, d'un refus ou d'une incapacité, dans d'autres, probablement d'un interdit – de penser : cela tient sans doute aux modes d'intériorisation de cette autorité. La plupart du temps inculquée à un âge tendre, elle ne peut alors se faire que selon une des modalités de la puissance animique, et c'est cette même puissance, qui, ensuite, vient faire obstacle à l'entendement et l'affronte, lestée de tout le poids des causes passées dont l'effet perdure. Spinoza le comprend bien, et semble faire une dernière fois appel à ce que Blyenbergh possède de puissance rationnelle, lorsqu'il définit le « pur philosophe <*merum Philosophum*>[26] » , un peu plus loin, comme :

> n'admettant (ainsi que bien d'autres qui font profession d'être chrétiens) d'autre pierre de touche de la vérité que l'entendement naturel et non la théologie. Mais vous m'avez fait comprendre qu'il en était autrement et m'avez montré que les bases sur lesquelles j'aurais voulu que s'élevât notre amitié n'étaient pas posées comme je le croyais[27].

Il faudrait, pour que l'échange soit concluant, que Blyenbergh soit en mesure d'entendre cet appel, autrement, dit, de comprendre ce qui l'empêche d'y répondre : qu'il se demande, entre autres, à quoi, à qui, le (re)lient ses représentations et quels objets, quels liens dissimulés, risquent de se perdre avec elles, dont elles sont, à son insu, les représentantes. En d'autres termes, il faudrait qu'il puisse procéder à une mise en perspective animique de ses représentations et de ses croyances : mais rien, à cette époque, ne peut l'y engager.

Paradoxalement, l'échec du dialogue résulte de ce qui, en théorie, devrait assurer sa réussite : l'effort des deux interlocuteurs pour le

---

25 *L* 22.

26 *Ibid.*

27 *« qui (sicuti haud pauci, qui se Christianos autumant, concedunt) nullum alium veritatis Lydium habet lapidem, praeter naturalem intellectum, non vero Theologiam. Sed de hac re me aliter edocuisti, simulque ostendisti, quod fundamentum, cui nostram amicitiam superaedificare animus erat, non, ut arbitrabar, esset jactum »*, *ibid.*

conduire, et le maintenir, sur le terrain de la rationalité, sans considération de ses ressorts animiques. Jamais peut-être, dans des écrits philosophiques, n'est apparue avec tant de netteté la difficulté qu'il y a à penser par soi-même : une chose est d'utiliser sa raison, cela s'apprend grâce aux autres et avec eux ; et quel meilleur maître eût pu avoir Blyenbergh[28] ? Une autre est de se dégager de l'emprise de sa propre *anima*, pour enfin naître à soi-même en tant qu'esprit, et mettre en œuvre une puissance intellectuelle authentiquement propre. « Je vous considérais comme un pur philosophe[29] », lui écrit Spinoza, dans une ultime tentative : l'emploi de l'imparfait montre assez que Blyenbergh, serviteur trop soumis de la théologie, a échoué à le devenir[30].

Reste que son échange avec Spinoza s'est ordonné autour de trois grandes figures, à la fois prétexte, occasion et matériau d'une modélisation théorique des interactions et des diminutions de puissance que les hommes subsument communément sous l'approximative catégorie de mal : celles du péché originel, de la finitude et du crime. Si sa détermination n'est pas la première des préoccupations spinozistes, du moins a-t-elle suffisamment suscité l'intérêt et la réflexion de Spinoza dans ces lettres pour qu'on puisse légitimement la considérer comme une question spinoziste.

28 Il eut d'ailleurs aussi la chance de rencontrer Spinoza, à qui il avait demandé un entretien. Malheureusement, ainsi qu'il l'avoue assez piteusement lui-même : « J'ai tenté dès ma première halte de mettre par écrit vos opinions mais j'éprouvai alors que je n'avais pas retenu le quart des choses dont nous avons discuté », *L* 24. Du moins peut-on en inférer que leur entrevue a été dense et que Spinoza n'a pas marqué de réticence à exposer ses vues.

29 *« te, ut merum Philosophum (...) considerabam »*, *L* 23.

30 On peut toutefois remarquer que la *L* 24, qui succède à la rencontre qu'il eut avec Spinoza, est assez différente des précédentes : bien plus concise et sobre, elle atteste du fait que Blyenbergh a pris la mesure de la distance qui sépare Spinoza du cartésianisme, et il y pose une question effectivement centrale : « Il reste à expliquer de quelle façon la connaissance de Dieu et de nous-mêmes produit en nous la volonté constante de mettre chacun en possession de ce qui est le sien ». Mais la poursuite du dialogue, qui était en train de se transformer en une véritable entreprise didactique de formation de son interlocuteur à sa philosophie, requérait sans doute plus de temps et de travail que Spinoza n'était disposé à continuer d'en accorder, alors qu'elle n'avait, en tant que telle, plus qu'un intérêt limité à ses yeux. Blyenbergh en a conscience, qui déclare : « Je voudrais qu'il me fût permis de faire quelque chose pour vous en échange de la peine que vous prendrez », *ibid.* Bien que Spinoza se soit adressé à lui avec beaucoup de liberté et, semble-t-il, sans défiance, peut-être aussi avait-il, compte tenu du caractère passionné de son interlocuteur, quelque doute sur la confiance qu'il pouvait avoir dans sa personne.

La rigueur du lexique utilisé par les deux auteurs nous a amenée à rappeler régulièrement les termes originaux utilisés, afin que le lecteur puisse saisir sa constance et ses nuances.

Cet ouvrage est issu d'une thèse, soutenue le 6 décembre 2014. Laurent Bove, Chantal Jaquet, Pierre-François Moreau, Pascal Sévérac et Lorenzo Vinciguerra constituaient le jury : leurs observations ont été précieuses. Notre gratitude va à Pierre-François Moreau, dont la science et les méthodes nous ont énormément appris ; à Christian Seulin et Pascal Sévérac, pour leurs lectures expertes ; à Henri et Madeleine Vermorel, à Julie Henry, pour leurs conseils.

LE PÉCHÉ ORIGINEL OU LA QUESTION DE LA MORALITÉ

LA POSITION DU PROBLÈME

LES RAISONS DE LA QUESTION

La première lettre de Blyenbergh porte d'emblée le double sceau des raisons qui l'amènent à poser la question du mal, parmi tant d'autres qu'il pouvait avoir à soumettre à Spinoza, et des causes de sa difficulté, finalement assez compréhensible, à entendre sa position : l'une découle de l'autre, et tient à un amalgame, peut-être involontaire dans la première lettre de Blyenbergh, mais dont le caractère contradictoire est explicité dans les suivantes, de thèses spinoziennes et cartésiennes. Cet amalgame peut ne pas apparaître d'emblée à un simple lecteur des *Principes de la philosophie de Descartes démontrés selon la méthode géométrique*[1] et des *Pensées métaphysiques* : en revanche, aux yeux d'un lecteur de l'*Éthique*, il réunit évidemment deux thèses contradictoires. D'une part, l'affirmation d'un déterminisme universel, auquel l'âme humaine, comme toute chose, est soumise ; de l'autre, l'affirmation de son libre arbitre, c'est-à-dire du caractère libre de sa volonté. Après avoir énoncé la première, Blyenbergh enchaîne pourtant d'une manière telle, dans sa première missive, que le caractère contradictoire d'une telle association n'apparaît pas :

> De là suit que Dieu n'est pas seulement cause de la substance de l'âme mais aussi, comme vous le posez en divers passages, de chaque tendance et de chaque mouvement de l'âme auquel nous donnons le nom de volonté[2]. Et de cette proposition découle nécessairement ou bien qu'il ne peut y avoir rien

1 Que nous désignerons désormais comme *Les Principes*.

2 « *Deum non tantum causam esse Substantiae Mentis, sed etiam cujuscunque conatus, vel motus Mentis, quem voluntatem nuncupamus* », *L* 18.

> de mauvais dans le mouvement ou la volonté de l'âme, ou bien que Dieu lui-même est cause immédiate de ce mal *<vel nil mali in motu, sive mentis voluntate esse, vel Deum ipsum illud malum immediate operari>*[3].

Même si l'expression « cause immédiate *<immediate operari>* » n'est pas tout à fait synonyme de « cause immanente *<causa immanens>*[4] », l'énoncé de ce raisonnement est même, à première vue, tout à fait compatible avec le spinozisme, exempt de tout préjugé ou accent moralisateur, exempt aussi de considérations religieuses : on comprend qu'au vu du ton posé et tranquille et de la sobriété de la *L* 18, Spinoza y ait répondu tout à fait favorablement, avec le sentiment d'entrer en contact avec un esprit rationnel. Le seul indice un peu dissonant se trouve être la brève mention de la volonté des « démons orgueilleux[5] » : mais comme c'est dans le cadre d'une référence au péché originel comme exemple classique d'une volonté mauvaise, il faut vraiment connaître la suite de l'échange pour y déceler quoi que ce soit de révélateur concernant la passion théologique de Blyenbergh.

Après la révélation du caractère pour le moins hétérodoxe des thèses spinoziennes, tant dans une perspective cartésienne que dans une perspective religieuse, le malentendu devrait se dissiper complètement : mais d'une certaine manière il culmine[6], au contraire, dans la formule, tirée de la proposition 15 des *Principes*, et répétée avec insistance par Blyenbergh, selon laquelle « la volonté étant libre de se déterminer[7] », nous avons « le pouvoir de contenir notre faculté d'affirmer dans les limites de l'entendement, et en conséquence de faire que nous ne tombions pas dans l'erreur[8] », cette dernière assertion pouvant presque indifféremment se comprendre en un sens spinoziste – puisque que Spinoza identifie entendement et volonté, nous ne pouvons, de fait, faire autrement – ou en un sens cartésien.

3 *Ibid.*

4 *E*, I, 18.

5 « D'où, en effet, la volonté de manger (du fruit défendu) ou celle des démons orgueilleux provient-elle ? *<unde enim voluntas edendi, aut voluntas Diabolorum ad superbiam procedebat ?>* », *L* 18.

6 Dans l'esprit de Blyenbergh : Spinoza, quant à lui, comprend dès sa deuxième missive quel est son interlocuteur.

7 *« voluntas, inquis, libera sit a se determinandum »*, *L* 20.

8 *« nos potestatem habere facultatem assentiendi intra limites intellectus continendi, ac proinde efficiendi, ne in errorem incidamus »*, *ibidem*.

Le lecteur averti éprouve un certain malaise car ce malentendu va durer – l'on ne peut que faire des supputations sur les autres passages des *Principes* ou des *Pensées métaphysiques* qui ont pu l'engendrer – et curieusement, plus Spinoza s'efforce de le dissiper, plus Blyenbergh en est victime, comme s'il éprouvait le besoin de s'y accrocher. Mais ainsi s'explique, au moins en partie, pourquoi c'est la question du mal qui lui paraît, dans la perspective qui est la sienne, problématique : vouloir le bien n'est en effet pas suceptible de faire entrer en dissonance volonté et entendement, ou, à ce niveau très approximatif et superficiel de leur appréhension, spinozisme et cartésianisme. En cela, d'ailleurs, Blyenbergh ne se montre pas original : il ne fait que reprendre à nouveaux frais – en des termes et selon une perspective qui sont d'obédiance cartésienne – une question ancienne déjà longuement traitée par les philosophes et les théologiens[9] et reprise dans le débat opposant les arminiens et les gomaristes.

En revanche, et c'est l'un des intérêts que présente néanmoins sa façon de poser le problème du mal, au lieu de l'envisager du point de vue de la liberté de la volonté et de s'interroger ensuite sur l'énigme que constitue une volonté qui ne veut pas ce qu'elle fait, ainsi que l'ont fait ses grands prédécesseurs[10], Blyenbergh le considère du point de vue d'une volonté *déterminée* et par conséquent s'interroge sur l'énigme constituée par une détermination divine visant pourtant ce qui est effectivement mauvais pour nous. De la sorte, il semble donc amorcer un raisonnement qui *pourrait* devenir spinoziste, et ce n'est pas l'une des moindres ambiguïtés de cet échange pour le lecteur que de constater les oscillations qu'il ne cesse de décrire entre une position dont les prémisses sont proches du spinozisme et son affirmation pourtant réitérée du libre arbitre, persuadé qu'il est, ou qu'il semble être, que Spinoza ne saurait la remettre en question.

Mais l'on peut comprendre que la manière dont il pose le problème ait intéressé Spinoza. À bien des égards, d'ailleurs, Blyenbergh n'a aucune difficulté à envisager l'intégralité du déterminisme, et pour cause : il

9 Il est difficile, sur ce terrain, de ne pas mentionner les *Confessions* d'Augustin, ou Paul « Vraiment ce que je fais je ne le comprends pas : car je ne fais pas ce que je veux, mais je fais ce que je hais. Or, si je fais ce que je ne veux pas, je reconnais, d'accord avec la Loi, qu'elle est bonne ; en réalité, ce n'est plus moi qui accomplis l'action, mais le péché qui habite en moi », *Épître aux Romains*, in *La Bible de Jérusalem*, Paris, éd. du Cerf, 1973.

10 À commencer par Socrate, Platon (*Gorgias*) et Aristote (*Éthique à Nicomaque*, III).

peut le lire comme une transcription de la prédestination calviniste. Ce qui le heurte, c'est l'amoralisme et le rabaissement de la dignité humaine qui lui paraissent en découler. Ainsi peut-il alternativement poser le problème en disant :

> Dieu n'étant pas seulement l'être à qui la volonté d'Adam doit d'exister, mais aussi celui à qui elle doit d'agir *de telle façon déterminée*, ou bien cet acte défendu d'Adam n'est pas mauvais en soi, ou bien il faut admettre que ce que nous appelons le mal est l'œuvre de Dieu lui-même. Ni vous, ni M. Descartes, ne me paraissez résoudre la difficulté en disant que le mal est un *non-être* auquel Dieu ne contribue en rien[11].

Le problème est ici abordé en des termes tout à fait proches de ceux du spinozisme et Spinoza le relèvera, après-coup : « Quand j'ai lu votre première lettre, j'ai cru que votre opinion et la mienne s'accordaient presque[12] ». La question porte à la fois sur la consistance ontologique du mal et la responsabilité divine : telle est sa formulation dans la première lettre de Blyenbergh. La perspective adoptée est donc moins celle d'un moraliste que d'un métaphysicien qui s'apprêterait à produire une théodicée.

Mais dans la deuxième lettre elle a sensiblement évolué : « Ne semble-t-il pas y avoir contradiction à ce que la volonté soit libre au point qu'elle puisse se préserver de l'erreur, et en même temps de la faire dépendante de Dieu de façon qu'elle ne puisse manifester de perfection qu'à proportion de l'essence que Dieu lui a donnée[13] ? » .

On voit que la proposition 15 des *Principes*, qui résume, en les reformulant, certaines des thèses cartésiennes concernant les causes de l'erreur et les moyens de l'éviter, est transposée par Blyenbergh sur le plan pratique : tout se passe du moins, comme si elle valait indifféremment à ses yeux d'un point de vue théorique et pratique – ce qui, là encore, peut

11 « *non tantum ut illa Adami voluntas per Dei influxum velit sed etiam, quemadmodum statim ostendetur,* ut tali modo *velit adeo ut ille Adami prohibitus actus, quatenus Deus non modo voluntatem ejus movebat, sed et quatenus eam tali modo movebat, vel in se non sit malus, vel ut Deus ipse illud operari videatur, quod nos malum vocamus. Nec aut tu aut D. Cartesius hunc nodum solvere videris, dicendo malum esse* Non Ens, *cum quo Deus non concurrit* », *L* 18 (nous soulignons).

12 « *Quum primam tuam Epistolam legebam, existimabam nostras opiniones fere concordare* », *L* 21.

13 « *Annon videtur contradictio, voluntatem tam liberam, ut se ab errore possit praeservare, et una a Deo dependentem facere, ut nec plus, nec minus perfectionis queat proferre, quam quantum essentiae Deus ipsi dedit*> ? », *L* 20.

sembler assez spinoziste – et de fait, il l'utilise, immédiatement après avoir posé cette question, pour produire une définition philosophique de « la faute <*error*> », ou du péché originel : « Pour ce qui est maintenant de l'homme après la faute, comment le concevez-vous ? Vous dîtes que, par une action trop précipitée, *c'est-à-dire en ne contenant pas sa volonté dans les limites de l'entendement*, il s'est privé d'une condition plus parfaite[14] ».

Si la contradiction entre l'affirmation d'un déterminisme intégral et celle du libre arbitre est à présent clairement identifiée et explicite, le point de vue de Blyenbergh semble basculer d'une perspective ontologique vers une perspective morale, comme si la première missive de Spinoza avait eu un effet contraire à celui qu'il pouvait escompter : comment celui-ci a-t-il donc été entendu, ou plutôt, mal entendu, et, de la *L* 18 à la *L* 20, que s'est-il donc passé ?

LES CAUSES DU MALENTENDU

La première impression du lecteur, compte tenu de la démarche qui est celle de Blyenbergh dans la *L* 20, est que, n'ayant pas bien compris la réponse de Spinoza, ou peut-être, cherchant à répondre par lui-même aux questions supplémentaires qu'elle suscitait en son esprit, Blyenbergh a tâché d'en remplir les « blancs », les non-dits et autres interrogations en suspens, en ayant recours aux *Principes* : c'est d'ailleurs eux qu'il cite, alors même qu'il pose la question, cruciale en effet, de ce que Spinoza entend par « privation <*privatio*> » : « Vous dîtes, en effet, ce que nous avons perdu, mais non ce que nous avons conservé (Principes, partie I, proposition 15). *Toute l'imperfection de l'erreur consiste donc dans la seule privation de la liberté la meilleure et c'est cette privation qu'on nomme erreur*[15] ».

Or, c'est cette démarche, pourtant honnête, de confrontation de textes dont, innocemment, il ne mesure pas la distance théorique, qui conforte ses contresens. Blyenbergh, quoiqu'indubitablement sincère, est loin d'apparaître toujours sous un jour très sympathique dans la correspondance, mais on ne peut s'empêcher de penser que, s'ils l'ont familiarisé avec un certain cartésianisme, les *Principes* l'ont aussi beaucoup induit

14 « *Ad secundum, nempe quomodo hominem constituis post errorem, dicis, hominem subita nimis actione,* nimirum voluntatem non continendo intra intellectus limites, *seipsum perfectiore conditione privare* », *ibidem* (nous soulignons).

15 « Tota igitur imperfectio erroris in sola optimae libertatis privatione consistet, quae error vocatur », *L* 20.

en erreur, biaisant presque entièrement, par le filtre qu'ils constituaient, au début, sa manière d'appréhender et d'*entendre* les premières lettres de Spinoza. Celui-ci, avec sa tranquille assurance, lui répond pourtant, point par point, avec une simplicité frontale :

> Pour moi, je ne puis accorder que le mal et le péché soient rien de positif, et encore bien moins que quoi que ce soit puisse être ou arriver contre la volonté de Dieu. Je ne dis pas seulement que le péché n'est rien de positif, j'affirme qu'on parle improprement et d'une façon toute humaine quand on dit que nous péchons envers Dieu ou que les hommes peuvent offenser Dieu[16].

Pas la moindre ambiguïté, donc, dans la position de Spinoza, mais un raisonnement plus complexe qu'il n'y paraît : d'une part, lorsqu'il s'agit d'expliquer cette « façon toute humaine » de « parler » <*humano more loquendo*> et de considérer la réalité qui engendre la catégorie négative de mal <*malum*> ; d'autre part, lorsqu'il s'emploie à caractériser la décision d'Adam et à donner une interprétation rationnelle du mythe du péché originel ; et, enfin, au moment d'aborder la question du salut, impliquée par ses développements précédents, en guise de clarification complète de sa pensée : Spinoza semble alors animé par le souci non seulement d'être parfaitement clair, mais d'anticiper sur les questions que ne manqueront pas de susciter logiquement ses positions. C'est à ces occasions que la confusion de Blyenbergh, à notre sens, va empirer. Est-ce uniquement parce qu'il est désorienté par la perspective qui est celle des *Principes*, ou bien le raisonnement spinozien, en deçà de son apparente limpidité, implique-t-il des considérations tellement inhabituelles et inédites qu'il en devient dérangeant, voire problématique en certains points ?

16 *« Quoad me, non possum concedere peccata, et malum quid positivum esse, multo minus, aliquid esse, aut fieri contra Dei voluntatem. Econtra dico, non solum peccata non esse quid positivum ; verum etiam affirmo, nos non nisi improprie, vel humano more loquendo dicere posse, nos erga Deum peccare, ut cum dicimus, homines Deum offendere »*, L 19.

LA RÉPONSE DE SPINOZA

L'ÉTHIQUE EN ACTE

À propos de la « décision prise par Adam ou la volonté particulière qu'il a eue de manger du fruit défendu[17] », Spinoza précise d'abord :

> cette décision considérée en elle-même <*in se sola considerata*> enveloppe autant de perfection qu'il y a de réalité exprimée en elle ; (…) nous ne pouvons concevoir dans un objet aucune imperfection, sinon quand nous le comparons à quelque autre ayant plus de réalité. Par suite nous ne pouvons trouver *aucune imperfection* dans la décision prise par Adam aussi longtemps que nous la considérons en elle-même sans la comparer à d'autres décisions plus parfaites et témoignant d'un état plus parfait. On peut même comparer Adam à une infinité d'autres objets tels que des pierres ou des troncs d'arbre, qui seraient beaucoup plus parfaits eu égard à cette décision [si elle se rencontrait en eux][18].

Cet argument, qui oppose la considération rationnelle de la chose « en elle-même <*in se*> » et son appréhension imaginaire, impliquant au moins une, c'est-à-dire une pluralité, de comparaisons possibles, prend également acte, en les entrecroisant de manière assez retorse, de deux usages de l'imagination : un usage commun, qui consiste à comparer, ainsi que Blyenbergh le fera, l'état d'Adam avant et après la chute, ou sa décision particulière avec celle qu'il eût dû prendre (ou qu'un autre, à sa place, eût peut-être pris), ou encore les différents types de décision dont il se montra capable au cours de son existence. Et un usage imaginatif, qui est celui qu'en fait Spinoza lui-même dans ce passage, et qui consiste à utiliser la comparaison pour contrer les effets de la comparaison[19], ou encore, ainsi que nous l'avons déjà souligné plus haut, à transformer la

---

17 *« consilium, sive determinatam Adami voluntatem ad edendum de fructu prohibito »*, *L* 19.

18 *« hoc consilium, sive illa determinata voluntas in se sola considerata tantum perfectionis includit, quantum realitatis exprimit*, (…) *quod in rebus nullam imperfectionem possimus concipere, nisi ad alias res attendamus, quae plus habent realitatis et propterea in Adami decreto, quando illud in se consideramus, nec cum aliis perfectioribus, perfectioremve statum ostendentibus, comparamus,* nullam *poterimus invenire* imperfectionem ; *imo cum infinitis aliis comparare respectu illius longe imperfectioribus, uti lapidibus, truncis, etc. licet ibidem »*, *ibid.* (nous soulignons).

19 Comme souvent, il s'agit de montrer que l'interprétation, soit imaginaire, soit imaginative, peut jouer dans deux sens contraires : nous avons déjà rencontré ce procédé, notamment, dans *E*, III, 2, sc., dans lequel l'exemple des somnambules est mobilisé pour contrer, de

puissance de l'imagination en auxiliaire de l'entendement : d'où cette comparaison, *a priori* un peu surprenante – sans doute un peu hâtivement rédigée[20] –, mais que Spinoza ajustera à l'aide d'autres exemples dans la suite de l'échange, d'Adam avec des pierres ou des tronc d'arbre <*lapidibus, truncis*> : on sait quelle forme convaincante elle prit dans la *L* 58 à Schuller. Du moins voit-on à l'œuvre, même si Blyenbergh s'en trouve d'abord passablement désorienté, l'éthique spinozienne : non seulement contrer chaque affect passif par l'affect actif symétriquement correspondant, mais corriger chaque représentation simplement imaginaire par une représentation imaginative, sollicitant l'activité de celui qui raisonne.

On retrouve ici, en outre, un procédé déjà mis en œuvre dans la lettre immédiatement précédente : Spinoza tâchait d'y combattre l'affliction et l'humeur superstitieuse de son ami P. Balling par la sollicitation de sa puissance rationnelle, en lui proposant une définition génétique du présage <*omen*> telle qu'elle lui permettait d'en renverser complètement la signification : l'occasion de sa constitution étant accidentelle (un souvenir fortuit), il était complètement invalidé en tant que *signe*, c'est-à-dire dans sa dimension superstitieuse ; en revanche, l'activité animique dont, en tant que signe choisi pour des raisons imaginaires, il était le support, était, elle, reconstituée et validée à titre de production imaginative impliquant un lien affectif de filiation – dans le cas du présage mentionné par Balling – et de proximité, dans le cas, relativement similaire, de la prophétie.

La réalité de la signification animique du présage s'en trouvait donc reconnue et confortée sans caution aucune de sa définition erronée de signe relatif à l'avenir, ou à une quelconque réalité extérieure : comme la prophétie, les signes physiques extérieurs par lesquels nous manifestons nos émotions, et les mots mêmes dont nous usons le plus souvent pour traduire nos pensées, le présage n'est jamais que le représentant de l'*anima* de celui qui le forme. Dans la *L* 17, Spinoza articulait donc sa pratique éthique du réconfort amical à ce qu'on pourrait appeler, avant la lettre, une « psychanalyse », c'est-à-dire une reconstitution animique

manière imaginative, l'idée imaginaire que le corps ne peut, sans l'âme, s'acquitter de ses fonctions.

20 Ainsi que semble en témoigner le texte, sur lequel Ch. Appuhn a une hésitation qu'il clarifie dans la note 32.

des régimes imaginatifs et des types d'association produits par chacun dans la réalité singulière de l'individu.

Dans celle-ci, Spinoza, qui croit encore avoir affaire à un esprit rationnel, s'en prend, sans précaution particulière pour ménager la susceptibilité théologique de Blyenbergh, à chacune des formations imaginaires qui se trouvent enchâssées dans son raisonnement et qui, manifestement, le conduisent à mal poser le problème : « (j'en dirais autant si [le problème se posait de cette façon])[21] » , fait-il remarquer au passage.

Mais, en même temps qu'il démontre que les catégories de mal <*malum*> ou de péché <*peccatum*> sont les produits d'une distorsion imaginaire du réel consistant à envisager toute chose « relativement à quelque autre <*respectu ad aliud quid*>[22] », il n'hésite pas, lui-même, à produire le même genre de comparaisons pour montrer que ce qui nous apparaît, d'un point de vue imaginaire, comme des imperfections chez les hommes, nous semblerait, du même point de vue, des perfections chez les autres espèces : « telles les guerres auxquelles se livrent les abeilles, la jalousie des pigeons, etc. ; méprisables dans l'humanité, ce sont là choses qui nous paraissent ajouter à la perfection des animaux[23] ».

LE PÉCHÉ

Considération en soi et relative

Ce contre-usage de l'imagination ayant néanmoins pour but de permettre à son interlocuteur de saisir que « toute chose existante (...) enveloppe une perfection ayant exactement les mêmes limites que son essence, car essence et perfection, c'est tout un[24] », on s'attendrait à ce que, d'une manière ou d'une autre, la décision adamique soit, au moins partiellement, réhabilitée, pour ce qu'elle recèle, précisément, de positif, de réel. À la logique de l'opposition des régimes imaginatifs et des comparaisons devrait succéder une illustration de même type, invitant Blyenbergh, par exemple, à considérer qu'une transgression délibérée,

21 *« (ut et ego, si se ita res haberet) »*. Nous modifions la traduction de Ch. Appuhn, qui dit : « si je posais le problème de la même façon ».

22 *L* 19.

23 *« uti apum bella, atque columbarum zelotypiam, etc. quae in hominibus spernuntur, et nihilominus ob ea animalia perfectiora judicamus », ibidem.*

24 *« quicquid est (...) perfectionem includere, quae sese eo usque in quacunque re extendit, quo se extendit ipsa rei essentia : nam essentia etiam nihil aliud est », ibid.*

de la part d'un autre être, semblerait ajouter à sa perfection, etc. Il n'en est rien, et loin de faire la part, contre le jugement commun, de ce que la décision adamique pourrait receler de positif, Spinoza ajoute : « Cela étant, il suit clairement que le péché, n'ayant rien en lui que des marques d'imperfection, *ne peut [consister en quelque chose qui exprime une réalité]* et tel est le cas pour la décision prise par Adam et sa mise à exécution[25] ».

Nous modifions ici la traduction de Ch. Appuhn, qui affirme simplement que le péché « ne peut exprimer aucune réalité ». Cela ne nous paraît en effet pas tout à fait faire justice à l'éloquence de la formule latine, qui souligne que « les péchés <*peccata*> » en général comme ce « décret <*decreto*> » en particulier, « ne peuvent consister en quelque chose, qui exprime une réalité <*non posse in aliquo consistere, quod realitatem exprimit* > ». Ce qui revient bien, certes, à nier qu'ils recèlent quoi que ce soit de positif, mais non à affirmer qu'ils ne sont rien.

Il y a en effet deux manières d'entendre une telle assertion : *primo*, comme doublement négative – la décision adamique ne consiste en rien *et* n'exprime pas de réalité, – mais dans ce cas, le propos de Spinoza paraît contradictoire puisque un peu plus haut, il déclarait à son sujet qu'elle ne comporte, « aussi longtemps que nous la considérons en elle-même <*quando illud in se consideramus*> », « aucune imperfection <*nullam (...) imperfectionem*> ». Une telle lecture, en outre, confine à l'absurde, puisque cette décision, bien qu'ontologiquement inconsistante, eut lieu et produisit un certain nombre d'effets (du moins dans le récit biblique). *Secundo*, l'assertion peut être affirmative puis négative : la décision adamique consiste « en quelque chose <*in aliquo*> », *mais* qui n'exprime nulle réalité. Cette lecture implique que Spinoza, dans son raisonnement, prend alternativement en compte la considération en soi de la décision adamique – elle ne comporte alors « aucune imperfection <*nullam imperfectionem*> » – et sa mise en perspective comparative : ce que l'on désigne par « péché <*peccata*> », c'est-à-dire ce qu'elle comporte *effectivement* de mauvais, n'exprime « aucune réalité <*non posse in aliquo consistere, quod realitatem exprimit* > ».

Le mal n'est-il vraiment, alors, qu'une catégorie imaginaire, les réalités qu'il permet communément aux hommes de désigner relèveraient-elles

---

25 *« Haec cum ita sint, clare sequitur, peccata, quandoquidem ea nil nisi imperfectionem indicant,* non posse in aliquo consistere, quod realitatem exprimit, *sicuti Adami decreto, ejusque executione »*, *ibid.* (nous soulignons).

des marges de l'être, d'une puissance paradoxale ou en tout cas, d'une efficience de l'impuissance ? Si tel était le cas, se poserait alors la question du type de causalité dont elle procède, et qu'elle engendre : notre hypothèse, qui reste à vérifier, est que les entrechocs passionnels qui façonnent l'histoire, individuelle et collective, résultent de la composition animique des régimes, passifs ou actifs, de l'imagination en chacun des individus, mais aussi en chacune des communautés (peuples, nations, États) dont ces mêmes individus sont portés à exacerber les appartenances, ou à resserrer les liens de solidarité, dans certaines situations historiques de détresse ou d'urgence.

Reste qu'au fil du raisonnement de Spinoza, un glissement ou plutôt une inflexion, s'opère : la décision d'Adam, « considérée en elle-même *<in se sola considerata>* » enveloppait d'abord « autant de perfection qu'il y a de réalité exprimée par elle *<tantum perfectionis includit, quantum realitatis exprimit>* » ; il s'avère à présent qu'elle n'en exprime « aucune », comme si « l'essence *<essentia>* », ou la « perfection *<perfectio>* » de son auteur n'avait pas, ou pas suffisamment, contribué à la déterminer. Une solution de facilité consisterait à dire que c'est seulement en tant que « péché *<peccatum>* » qu'elle n'exprime aucune réalité : la difficulté ne viendrait donc que du mot. Mais la formule utilisée par Spinoza est trop précise et insistante pour se réduire à cela : s'il commence bien par mentionner l'inconsistance ontologique du « péché, n'ayant rien en lui que des marques d'imperfection *<peccata, quandoquidem ea nil nisi imperfectionem indicant>* », il enchaîne immédiatement en précisant : « et tel est le cas pour *la décision prise* par Adam *et sa mise à exécution <sicuti Adami* decreto, ejusque executione>[26] » : le problème n'est pas de désignation, mais de modalité d'engendrement et d'action.

Est-ce à dire que décision et exécution sont tout entières l'effet des causes externes, ou qu'elles relèvent d'un degré respectif de passivité et d'activité impropre à la manifestation d'une essence ? Comment s'articulent, exactement, leurs considérations en soi *<in se>* et comparative *<respectu ad aliud quid>* qui semblent annoncer la distinction opérée dans l'*E* entre une perspective absolue, hors de toute temporalité, « *sub specie aeternitatis* », une perpective durable, historique, « *sub continua duratione*[27] », et une perspective temporelle, imaginaire ? La considération

26 Nous soulignons.
27 *TRE*, § 83.

d'une chose « relativement à d'autres <*ad alias res*>[28] », éventuellement « plus parfaites <*cum aliis perfectioribus*>[29] » n'est-elle pas susceptible, selon son degré de rationalité et d'activité, d'appartenir à l'un ou l'autre de ces deux derniers registres ?

La suite du raisonnement de Spinoza apporte quelques précisions importantes :

> Puis donc que la volonté ou la décision d'Adam, considérée en elle-même, n'est pas un mal, (…) Dieu peut en être cause ou plutôt, (…) il doit en être cause. Non certes en tant que cette décision est mauvaise, mais le mal qui est en elle n'est pas autre chose que la privation d'un état qu'à cause d'elle Adam a dû perdre. Et il est certain qu'une privation n'est rien de positif et que le nom même dont nous l'appelons n'a de sens qu'au regard de notre entendement, non au regard de l'entendement divin[30] .

Dans la mesure où s'ensuit une critique en règle des « définitions générales <*generales definitiones*> » et autres catégories abstraites, c'est bien une perspective imaginaire, celle qui caractérise la connaissance du premier genre, que vise Spinoza, et l'usage du terme *« intellectus »* ne doit pas nous égarer : celle-ci, en effet, est caractéristique de notre entendement seulement <*respectu nostri*>, et ne vaut pas, contrairement à la connaissance des deuxième et troisième genres, pour l'entendement divin <*Dei intellectus*>.

En même temps, cette perspective n'est pas complètement erronée : si la décision d'Adam n'est mauvaise que relativement à l'état de plus grande puissance dont elle le prive et ne comporte effectivement rien qui exprime positivement le mal <*malum*>, une privation est pourtant bien quelque chose de réel : tout en n'exprimant l'essence ou la réalité de rien, elle s'inscrit nécessairement dans le champ du réel et de ses variations <*variationes*> ou transformations <*mutationes*>. Pour le vérifier, encore faut-il préciser de quelle privation <*privatio*> il s'agit, ce que ne manque pas de faire Spinoza, en proposant du mythe du péché originel une interprétation qu'il présente comme rationnelle, voire frappée au coin

28 *L* 19.

29 *Ibid.*

30 *« Quandoquidem ergo voluntas, decretumve Adami, in se spectatum, nec malum, (…) ; sequitur Deum ejus causam posse, immo, juxta eam rationem, quam animadvertis, debere esse ; non vero quatenus malum erat : nam malum, quod in eo erat, non erat aliud, quam privationis perfectioris status, quem propter illud opus Adamus amittere debebat, et certum est, Privationem non esse quid positivum, eamque respectu nostri, non vero Dei intellectus ita nominari »*, *ibid.*

du bon sens, mais qui n'en a pas moins dû paraître assez extraordinaire à Blyenbergh tant elle prend à rebours le texte biblique.

Le langage prophétique

Au préalable, il a tout de même insisté sur « le langage tout anthropomorphique convenant au vulgaire, (...) incapable de percevoir les vérités un peu hautes[31] » qu'il utilise : les prophètes, en effet,

> ont appelé lois ces moyens de salut qui ne sont rien que des causes et les ont [transcrits sous la forme de lois] ; ils ont donné le caractère de récompense et de châtiment au salut et à la perdition qui ne sont autre chose que les effets découlant nécessairement de ces mêmes causes. *[Ils ont ordonné leurs mots d'une manière plus proche de la parabole que de la vérité]*[32].

Là encore, la traduction de Ch. Appuhn, « Ils ont accommodé leur langage à cette histoire ou parabole plutôt qu'à la vérité » ne rend pas justice à la formule latine, beaucoup plus précise, *« juxta hanc Parabolam magis, quam juxta veritatem omnia sua verba ordinarunt »* : non seulement elle souligne nettement l'écart qui sépare *parabola* et *verita*, mais elle suggère que s'*exprimant* sous forme de parabole, les prophètes avaient également tendance à *penser* sous la même forme : autrement dit, qu'ils ont simplement appliqué à leurs mots <*verba*> l'ordre <*ordinarunt*> que suivait leur esprit <*mens*>.

Ainsi s'explique que Spinoza prenne la peine de préciser qu'ayant « *appelé* lois ces moyens de salut qui ne sont rien que des causes <*media, quae nil nisi causae sunt, Leges* appellarunt> », les prophètes les ont aussi « *composés*, *rédigés* ou *transcrits* sous la forme de lois » ou, selon la traduction de Ch. Appuhn, « *transformés* en lois <*et ad modum Legum* conscripserunt>[33] » : ils ne les appellent pas seulement ainsi, mais les présentent comme ils se les représentent. Si Spinoza souligne dans le *TTP*, en effet, que les prophètes adaptaient leur discours à leur auditoire, il relève aussi leur ignorance, la diversité de leurs styles et de leurs

31 *« Scripturam, quia plebi praecipue convenit, et inservit, continuo humano more loqui :* plebs etenim *rebus sublimibus percipiendis inepta est »*, *ibid.*

32 *« media, quae nil nisi causae sunt, Leges appellarunt, et ad modum Legum conscripserunt ; salutem, perditionemque, quae nil nisi effectus sunt, qui necessario ex illis mediis fluunt, tanquam praemium, et paenam proposuerunt* atque juxta hanc Parabolam magis, quam juxta veritatem omnia sua verba ordinarunt » *L* 19 (nous soulignons).

33 Nous soulignons.

tempéraments, des formes symboliques auxquelles ils avaient recours, etc.[34], ce qui concorde avec notre lecture.

L'intention annoncée dans ce passage est claire : Spinoza entend, lui, corriger cette distorsion du réel que constitue la parabole <*parabola*> pour reconstituer la vérité <*verita*>, et il est donc, de ce point de vue, inévitable qu'il prenne à rebours le texte scripturaire. Infligeant une distorsion à une première distorsion, il prétend la corriger, c'est-à-dire inférer, sinon la réalité des faits, du moins la vérité expérientielle contenue dans leur relation, à partir de leur transmission défigurée.

Or, si l'on peut déjà s'interroger sur l'efficace et la valeur des procédés utilisés par les prophètes, tels qu'ils sont décrits ici, et leur caractère éventuellement contre-productif, on se souvient que Spinoza non seulement caractérise toujours les prophètes comme des hommes d'imagination et non comme des hommes rationnels, mais encore s'avère, finalement, assez sceptique ou du moins, dubitatif, quant à la vertu exceptionnelle qu'il a l'habitude de leur reconnaître[35]. On peut se demander alors quelle peut être sa grille interprétative, et d'après quels critères il la juge, malgré tout, fiable ? Car enfin, il semble découler de ce qui précède qu'il ne peut pas se contenter, pour interpréter le mythe, de faire *comme si* les prophètes avaient été des gens rationnels se contentant de déformer à dessein leurs propos et leurs enseignements pour se mettre à la portée du peuple (même s'ils ont dû le faire aussi) : il existe, certes, une exception en la personne du Christ[36], mais il ne s'agit pas, pour Spinoza, d'interpréter une interprétation qu'il aurait donnée du péché originel ; or, ceux qui en ont fait le récit étaient probablement presque aussi ignorants que « le vulgaire <*plebs*> » auquel ils s'adressaient[37].

De notre côté, si nous nous en tenons à l'étude que nous avons par ailleurs menée du présage <*omen*> et de la prophétie <*prophetia*>, nous avancerons que Spinoza ne peut, en toute rigueur, s'appuyer que sur deux choses. D'une part, sur la nature humaine : les prophètes sont des hommes

34 *TTP*, II.

35 Ainsi que le relève P.-Fr. Moreau à propos du prophète : « Celui qui apparaissait comme un homme épris de justice et de charité, dans le cadre d'une éthique abstraite, apparaît maintenant tout simplement comme un rebelle en puissance et un fauteur de guerre civile », *Problèmes du spinozisme*, Paris, Vrin, 2006, p. 125.

36 Ainsi que l'a établi A. Matheron dans *Le Christ ou le salut des ignorants chez Spinoza*, Paris, Aubier Montaigne, 1971.

37 Ainsi « le plus grand des prophètes, Moïse, n'a fait aucun raisonnement valide <*summum prophetam Mosem nullum legitimum argumentum fecisse*> », *TTP*, XI, § 4, p. 417.

(presque) comme les autres. D'autre part, sur la vivacité de leur imagination, c'est-à-dire sur le fait que la production des prophéties requiert un régime actif de l'*anima* : pour réintroduire une terminologie que nous avons déjà explicitée, elle est imaginative, et non simplement imaginaire, et à ce titre constitue une précompréhension, ou un pré-savoir[38].

C'est d'ailleurs pourquoi il est logique de penser qu'ils se sont, à peu de choses près, exprimés selon des modes certes adaptés à leur auditoire ignorant, mais familiers pour eux également, et relativement proches de leurs représentations propres : l'écart entre l'enchaînement des idées imaginaires, qui se fait selon l'ordre corporel des affections <*affectiones*>, et celui des idées imaginatives tient moins, en effet, à leur contenu ou aux mots par lesquels elles sont formulées qu'à la présence d'un ordre similaire à celui de l'entendement ou régi par lui[39].

La prophétie n'est qu'apparemment irrationnelle, elle ne se réduit ni à un reflet passif, perceptif ou mnésique, des affections corporelles, ni aux fantaisies des poètes (encore que ces dernières aient sans doute quelque pertinence relativement aux objets dont elles traitent, parmi lesquels l'âme humaine est à bien des égards privilégiée), elle suppose une communauté essentielle et une proximité affective qui sont favorisées par la piété et la probité. Dirons-nous tout uniment que cette communauté et cette proximité sont celles que les prophètes ont avec Dieu ? Cela ne nous semble vrai que pour le Christ, qui est le seul dont Spinoza dise qu'il communique « d'âme à âme <*de mente ad mentem*>[40] » avec lui. Mais, avec « le salut <*salus*> » et « ses causes <*causae*> », ainsi que le précise le texte que nous venons de citer, et par conséquent avec une idée de Dieu[41], certainement.

---

38 Conformément à la distinction introduite par Spinoza dans la *L* 17 entre deux grandes formes de détermination de l'imagination, soit par la constitution du corps <*corporis constitutio*>, soit par la constitution de l'âme <*mentis* ou *animae constitutio*>, nous désignons par « imaginaire » toute production de l'imagination en régime passif, lorsqu'elle ne fait que refléter, dans la *mens*, les affections corporelles, et par « imaginative » toute production de l'imagination en régime actif, lorsque, concourant, comme l'entendement, à l'activité de la *mens*, elle « enchaîne et ordonne ses images, comme l'entendement ses démonstrations <*et suas imagines, ac verba ex ordine, sicuti suas demonstrationes intellectus, concatenat et invicem connectit*> ; de sorte que nous ne pouvons presque rien connaître par l'entendement dont l'imagination ne forme à sa suite une image <*adeo ut fere nihil possimus intelligere, de quo imaginatio non aliquam e vestigio formet imaginem*> », *L* 17.

39 *L* 17.

40 *TTP*, I, § 19.

41 Hypothèse que nous avons également formulée à propos de la prophétie.

Reste néanmoins à savoir si l'interprétation que Spinoza propose à Blyenbergh du mythe du péché originel nous permet de vérifier notre hypothèse.

L'INTERPRÉTATION DU MYTHE

Après une dernière précision concernant « les philosophes (…) et tous ceux qui sont au-dessus de la loi, c'est-à-dire pratiquent la vertu par amour pour elle, parce qu'elle est ce qu'il y a de meilleur et non parce que la loi l'ordonne[42] », il la présente ainsi à Blyenbergh : « L'interdiction du fruit de l'arbre consistait *donc seulement* dans la révélation faite par Dieu à Adam des conséquences mortelles qu'aurait l'ingestion de ce fruit ; c'est ainsi que nous savons par la lumière naturelle qu'un poison donne la mort[43] ».

La forme déductive prise par cette interprétation peut laisser perplexe : ne serait-elle que rhétorique ? Spinoza, ici, semble forcer le trait et souligner d'autant plus le caractère logique, rationnel de son interprétation qu'elle n'est pas évidente : en particulier, il se garde bien de rappeler un élément pourtant central du récit biblique, à savoir que « l'arbre » en question – qui n'est d'ailleurs même pas mentionné dans le texte latin, qui se contente d'évoquer l'interdit <*edictum*> divin – était celui de la connaissance du bien et du mal : pour le lecteur de la quatrième partie de l'*E*, c'est assez étonnant, de même d'ailleurs que le silence de Blyenbergh à ce sujet. Peut-être est-ce là (mais nous ne pouvons que conjecturer là-dessus) une marque de sa bonne volonté à comprendre le raisonnement de Spinoza, car ce simple « détail » pouvait aisément constituer, de son point de vue, matière à objection : comment et pourquoi une telle connaissance, loin de s'avérer bénéfique, serait-elle néfaste, voire « mortelle <*mortem operari*> », ne contribue-t-elle pas à augmenter la puissance de l'homme, etc. ? Blyenbergh, qui semble saisir que le plus urgent est ailleurs, ne l'a pas formulée.

Pourtant, le « donc <*ergo*> » utilisé par Spinoza n'a pas, à notre sens, une valeur rhétorique ; outre que Spinoza utilise une langue sobre et n'est

42 « *Philosophi, et simul omnes, qui sunt supra Legem hoc est, qui Virtutem, non ut Legem ; sed ex amore, quia praestantissima est, sequuntur* », *L* 19.

43 « *Edictum* ergo *Adamo factum in hoc* solummodo *consistebat, nempe quod Deus Adamo revelavit, to edere ex illa arbore mortem operari, quemadmodum et nobis per naturalem intellectum revelat, venenum esse mortiferum* », *ibid.* (nous soulignons).

généralement guère soucieux de produire ce genre d'effets, il s'éclaire si on le rapporte au développement précédent. Spinoza, nous l'avons dit, y a relevé le caractère anthropomorphique non seulement du langage, mais de la représentation de Dieu et de ses volontés dans l'Écriture, transformés respectivement en « Roi <*rex*> » ou « Législateur <*Legislator*> » et en lois <*leges*> par les prophètes. Dans la mesure où une telle présentation introduit nécessairement des rapports de commandement et d'obéissance, c'est-à-dire de subordination, elle comporte aussi la fixation de limites, d'interdits : elle représente *négativement* le bien. La déduction opérée par Spinoza porte sur le redressement de cette distorsion : il s'agit pour lui de remonter de « l'interdiction <*edicto*> » à la révélation <*revelare*> positive. Voilà pourquoi il lui paraît, sinon évident, du moins logique et très probable, qu'elle était porteuse d'une recommandation, d'un conseil : en d'autres termes, d'une connaissance véritable, et non du seul établissement d'une limite.

Dans cette perspective, la seule connaissance susceptible de motiver l'interdit semble effectivement devoir porter sur le caractère nocif, « mortifère <*mortiferum*> », du fruit. Une telle révélation positive ne peut avoir d'autre forme que celle que revêt pour nous « [l'entendement naturel][44] <*nobis per naturalem intellectum revelat*> » : tout vrai savoir, toute compréhension complète enveloppe nécessairement le contenu positif qu'il s'agit de transmettre. Apparaît alors ce qui fait défaut au mythe tel qu'il est relaté dans la Bible : le bien, le bon – le savoir dans sa positivité – est présenté sous une forme négative, celle d'un interdit <*edictum*> ; et inversement, le mal, le mauvais – la privation d'un état de plus grande puissance causée par la décision adamique – l'est sous une forme positive, celle même du péché originel en tant qu'il serait révélateur d'une imperfection essentielle ou consubstantielle à la nature humaine.

C'est cette double distorsion, effectivement induite, comme il l'a signalé auparavant, par le langage – mais aussi sans doute par le mode originairement perceptif de constitution de l'expérience par les hommes – que Spinoza, logiquement, s'efforce de corriger : la vérité qu'il s'agit pour lui de dégager n'est pas tant historique qu'expérientielle, et c'est bien comme porteur d'une telle vérité défigurée que le récit est envisagé. Mais si l'interdit est le défaut de la connaissance – son

44 Ou, comme le traduit Ch. Appuhn, « la lumière naturelle ».

négatif : son empreinte « en creux » –, alors le péché <*peccatum*>, le mal <*malum*> doit être l'ombre portée d'un manque, la marque effective d'une impuissance. Cependant, Spinoza s'efforçant de devancer les questions de son interlocuteur, celle-ci est alors envisagée sous un angle assez paradoxal :

> Me demanderez-vous en vue de quelle fin Dieu lui a fait cette révélation ? Je réponds : pour augmenter sa connaissance et par cela même sa perfection. Demander à Dieu pourquoi il ne lui a pas donné en même temps une volonté plus parfaite, ce serait aussi absurde que de demander pourquoi il n'a pas accordé au cercle toutes les propriétés de la sphère[45].

Suit une référence au scolie de la proposition 15 de la première partie des *Principes*, qui, en encourageant Blyenbergh à les utiliser comme instrument de lecture de sa lettre, a pu en réalité lui compliquer la tâche, ainsi que nous l'avons déjà mentionné – mais à ce point, ce ne devait être là, à notre sens, que la moindre de ses difficultés. Le scolie en question semble néanmoins simple, qui, reprenant l'énoncé de la proposition, débute par « Puisque l'erreur n'est pas quelque chose de positif elle ne pourra être autre chose que la privation du bon usage de la liberté », puis analyse « comment l'erreur vient du seul abus de notre volonté ».

En 1665 (sa lettre est datée du 3 janvier), Spinoza travaille à une première version de l'*E*, qu'il va abandonner cette même année, pour rédiger le *TTP*. Il est donc assez peu probable qu'il souscrive à l'affirmation cartésienne de la différence de nature existant entre entendement et volonté : la *L* 21 ne laissera subsister, sur ce point, guère d'ambiguïté. Il n'en demeure pas moins que ce passage de sa lettre ne peut avoir d'intelligibilité, pour son interlocuteur, que s'il la présuppose. Comme nous le verrons, il y a une autre manière, bien plus spinoziste, de l'entendre : mais Spinoza, manifestement, – soit qu'il ne l'ait pas encore conçue, soit qu'il n'ait pas l'intention de la divulguer –, n'en attend pas tant de sa part.

D'où cette présentation paradoxale : Dieu a révélé à Adam que le fruit de l'arbre de la connaissance était nocif « pour augmenter sa connaissance et par cela même sa perfection <*ut eum tanto scientia perfectiorem redderet*> », et cela a eu apparemment l'effet exactement

---

45 *« Si vero roges, in quem finem hoc ei revelaret ? responsum do, ut eum tanto scientia perfectiorem redderet. Deum ergo interrogare, quamobrem ipsi perfectiorem non dederit voluntatem, est aeque absurdum, ac interrogare, cur circulo omnes globi proprietates non fuerit largitus », ibid.*

inverse : un état de moindre perfection, ou de moindre liberté[46], ce qui, en termes spinozistes, est contradictoire. Pour l'expliquer, il est donc nécessaire de rétablir la médiation qui articule, en un sens spinoziste, ces deux énoncés de manière cohérente : ce n'est pas tant l'état de moindre perfection qui est une conséquence du surcroît de connaissance que l'affect lié à la distance qu'il permet de mesurer, à savoir, un sentiment d'impuissance qui fait lui-même diminuer la puissance d'agir (c'est le sens de la citation de l'Ecclésiaste présente en *E*, IV, « qui augmente son savoir augmente sa douleur »).

Du point de vue de Blyenbergh, qui ignore tout de l'*Éthique*, il y aurait deux façons possibles de surmonter ce paradoxe : soit en considérant, comme il le formule lui-même, qu'Adam n'a pas su, ou pu, contenir sa « volonté dans les limites de l'entendement *<nimirum voluntatem non continendo intra intellectus limites>*[47] », soit, ainsi que l'y engagera Spinoza dans sa missive suivante, en considérant qu'Adam a été conduit par autre chose que son seul entendement, ou sa seule volonté, mais par son « appétit (...) pour les choses terrestres *<Adami appetitus rerum terrenarum>*[48] » : ce serait après tout conforme au texte scripturaire, qui évoque la curiosité éveillée par l'interdit et attisée par le serpent, autrement dit le poids de certains affects et une situation d'impulsion passionnelle.

Spinoza, qui entre-temps a compris le contresens dans lequel il était tombé, le met en garde : « Ni moi ni M. Descartes n'avons jamais dit qu'il appartînt à notre nature de contenir notre volonté dans les limites de l'entendement[49] » et

> Notre liberté n'est pas de la contingence non plus que de l'indifférence, elle consiste dans la façon d'affirmer ou de nier ; c'est-à-dire que moins nous sommes indifférents quand nous affirmons ou nions quelque chose, plus nous sommes libres. (...) Cette nécessité n'étant, (...) rien d'autre qu'un décret de

46 Précédemment, Spinoza a déclaré dans la *L* 19 : « le mal qui est en elle [la décision d'Adam] n'est pas autre chose que *la privation d'un état [plus parfait]* qu'à cause d'elle Adam a dû perdre *<nam malum, quod in eo erat, non erat aliud, quam* privationis perfectioris status, *quem propter illud opus Adamus amittere debebat>* » (Nous soulignons). La formule latine est plus précise que la traduction de Ch. Appuhn, qui mentionne simplement « un état ». M. Rovere, en prend également acte : « la privation de l'état plus parfait qu'Adam, par cet acte, devait quitter », *Spinoza. Correspondance*, Paris, Flammarion, 2010.

47 *L* 20.

48 *L* 21.

49 *« neque me, neque Cartesium unquam dixisse, quod ad nostram naturam pertinet, ut nostram voluntatem intra limites intellectus contineamus », ibid.*

> Dieu, on peut connaître de là de quelle façon nous faisons une chose librement et en sommes cause, encore que nous agissions nécessairement et en vertu d'un décret de Dieu[50].

Cette précision, très importante puisqu'elle montre, en proposant à Blyenbergh une définition proprement spinozienne (et tout à fait aboutie) de la liberté, que Spinoza se démarquait déjà parfaitement de la conception cartésienne du libre arbitre et de la différence de nature existant entre volonté et entendement, nous invite cependant à comprendre son interprétation du mythe du péché originel d'une tout autre manière. En effet, il est beaucoup plus conforme au texte de maintenir le paradoxe et de considérer que la connaissance transmise a effectivement augmenté tant la connaissance que la perfection d'Adam <*ut eum tanto scientia perfectiorem redderet*>, alors même qu'elle ne l'a pas empêché de prendre une mauvaise décision : comment est-ce possible ?

Dans l'*E*, Spinoza fait observer que la vertu n'est enseignée aux enfants qu'à partir du prisme déformant des passions tristes, négatives : « les hommes sont de nature enclins à la Haine et à l'Envie, à quoi s'ajoute encore l'éducation. Car les parents ont accoutumé d'exciter leurs enfants à la vertu par le seul aiguillon de l'honneur et de l'envie[51] ». Ainsi l'éducation vient-elle renforcer le trait naturel qui lui donne cette forme, à savoir la fragilité constitutionnelle, animique, de l'âme de ceux qui, vivant essentiellement sous le régime de la passion, ne font qu'imaginer ce qui les rend dignes d'estime, et ont besoin de l'approbation d'autrui pour cela : chacun est par là conduit à interpréter « faussement les actions de ses pareils[52] » ou à « orner les siennes autant qu'on peut[53] ».

De même Spinoza dit-il, dans le *TTP*, que Moïse instruisit les Israélites « comme les parents ont coutume d'instruire les enfants dépourvus de

---

50 *« quod nostra libertas nec in quadam contingentia, nec in quadam indifferentia sita est ; sed in modo affirmandi, et negandi ; adeo ut, quo rem aliquam minus indifferenter affirmamus, aut negamus, eo liberiores simus (…). Quia vero haec necessitas nihil aliud est, quam Dei decretum (…) ; hinc quodammodo intelligere licet, quo pacto rem libere agamus, ejusque causa simus, non obstante, quod eam necessario, et ex Dei decreto agamus », ibid.*

51 *« homines natura proclives esse ad Odium, et Invidiam, ad quam accredit ipsa educatio. Nam parentes solo Honoris et Invidiae stimulo liberos ad virtutem concitare solent »*, III, 55, sc. 1.

52 *« suorum aequalium actiones perperam interpretando », ibidem.*

53 *« suas, quantum potest adornando », ibid.* Voir à ce sujet P.-Fr. Moreau, « La place de la politique dans l'*Éthique* » in *Fortitude et servitude. Lectures de l'Éthique IV de Spinoza*, ss la dir. de Ch. Jaquet, P. Sévérac, A. Suhamy, Paris, Kimé, 2003.

raison[54] » : c'est là considérer que l'éducation de l'humanité est passée par des étapes assez similaires à celles qui caractérisent l'éducation des enfants, selon un schème « philogénétique » avant la lettre : la formation de l'esprit humain en général – on sait quel crédit Spinoza accorde à de telles généralités : il vient de le rappeler dans la *L* 19 – passant nécessairement par celui de chacun en particulier, c'est parfaitement logique.

On peut donc considérer que tout en devenant plus savants et plus parfaits du fait de la révélation que Dieu leur avait faite du caractère mortifère du fruit, Adam et Ève n'étaient pas pour autant capables de prendre une décision fondée : de même que des enfants ne comprennent pas vraiment les recommandations de leurs parents mais ont tendance à n'en retenir que les limites (permissions, interdictions) qu'elles contribuent à déterminer, et ce d'autant plus que ces derniers ont eux-mêmes tendance à proposer des définitions négatives de ce qui est bien ou bon pour eux, Adam et Ève n'auraient fait qu'imaginer les conséquences de leur décision.

En effet, pour qu'ils soient en mesure de les comprendre, il aurait fallu qu'elles aient déjà eu lieu ou, pour le dire autrement, qu'ils aient à leur disposition l'expérience déjà effectuée de conséquences similaires, sur eux-mêmes ou sur d'autres. C'est d'ailleurs ce que fait remarquer Blyenbergh, qui objecte, dans la lettre qui suit : « Je ne sais pas en quoi consiste cette révélation d'un poison mortel que Dieu nous aurait faite par [l'entendement naturel][55], et je ne vois pas comment je pourrai jamais savoir qu'une chose est empoisonnée, si je n'en voyais ou n'en apprenais les effets sur d'autres[56] ».

Nous reviendrons sur la première partie de cette objection, mais pour l'instant, la seconde nous semble pourvoir être éclairée par la manière dont Spinoza caractérise « la connaissance vraie du bien et du mal *<vera boni, et mali cognitio>* » dans l'*E* : en effet, elle « n'est rien qu'abstraite ou générale *<non nisi abstracta, sive universalis sit>* », de sorte que « le jugement porté par nous sur *l'ordre des choses* et *la liaison des causes* *<judicium, quod de* rerum ordine, *et* causarum nexu *facimus>*, pour nous permettre de déterminer ce qui dans le présent est bon ou mauvais pour nous

54 *« pueros omni ratione carentes »*, II, § 15, p. 139-141.

55 Ou, comme le traduit Ch. Appuhn, par « la lumière naturelle de l'entendement ».

56 *« Nec capio, quod Deus per naturalem intellectum nobis, venenum lethale esse, revelavit, nec rationes video, quibus unquam scirem, aliquid esse venetatum, nisi malos veneni effectus in aliis vidissem, et audivissem »*, *L* 20.

<*ut determinare possimus, quid nobis in praesenti bonum aut malum fit*>, est fondé plutôt sur l'imagination que sur la réalité <*fit potius imaginarium, quam reale*>[57] ». Ce qui est valable pour la « connaissance *vraie* du bien et du mal <vera *boni, et mali cognitio*>[58] » doit l'être *a fortiori* pour la connaissance approximative, mutilée, qu'en ont d'abord les hommes, tels Adam et Ève.

Autrement dit, si même la connaissance *vraie* comporte l'approximation de l'évaluation *imaginative* impliquée par l'anticipation de « l'ordre des choses et la liaison des causes » dans la durée, apparaît alors combien plus grande encore doit être cette approximation lorsqu'elle n'est encore le fait que d'une évaluation *imaginaire*, telle celle à laquelle durent se livrer Adam et Ève, qui ne disposaient encore que d'une connaissance commune, « *tirée du ouï-dire ou de quelque signe* qualifié d'arbitraire <ex auditu aut ex aliquo signo *ad placitum, quod vocant*>[59] » ou « par une expérience vague, c'est-à-dire par une expérience *qui n'est pas déterminée par l'entendement* <*ab experientia vaga,* quae non determinatur ab intellectu>[60] ».

Toutes ces caractéristiques, en effet, appartiennent aussi à la révélation <*revelatio*> ou prophétie <*prophetia*>, dont le *TTP* souligne à loisir l'expression symbolique, le caractère de représentation <*representatio*>[61], l'usage des signes <*signa*> et des figures <*figurae*>[62], ainsi que la façon dont les prophètes « expriment corporellement tout ce qui est spirituel <*omnia spiritualia expresserint*[63] ». Se dessine ainsi un espace qui est celui, non de l'éthique, mais de la moralité commune : Adam et Ève ne sont plus tout à fait ignorants, ils ont accédé aux notions de bien et de mal, de bon et de mauvais, qu'ils n'auraient jamais admises s'ils avaient été libres[64] ; mais ils ne sont pas pour autant en possession d'une connaissance rationnelle, d'une compréhension véritable des rapports qui régissent les choses et de l'ordre <*rerum ordine*>[65] dans lequel ils s'inscrivent.

---

57 IV, 62, sc. (nous soulignons).
58 Nous soulignons.
59 *TRE*, § 19, p. 74-75 (nous soulignons).
60 *Ibidem* (nous soulignons).
61 *TTP*, II, § 10.
62 *TTP*, III, § 11.
63 *TTP*, I, § 29.
64 *E*, IV, 48.
65 *E*, IV, 62, sc.

Le mythe du péché originel, qui est le récit d'une perte de l'innocence, insiste sur cette privation au point d'en faire un manque *positif* : la marque d'une déchéance, d'une *chute*. Mais ce qui est privation <*privatio*> relativement à notre entendement, et négation <*negatio*> relativement à l'entendement divin, apparaît aussi comme une limite constitutive, lorsqu'ayant à évaluer les effets de ses décisions du point de vue de la durée, en les inscrivant d'avance dans sa continuité <*sub continua duratione*>[66], l'entendement lui-même ne peut que s'adjoindre l'activité imaginative comme auxiliaire pour démêler l'enchevêtrement des causes <*causarum nexus*>[67] : il n'est alors pas dupe de l'illusion temporelle dont les représentations imaginaires portent la marque lorsqu'elles croient contingentes des choses qui dépendent d'un ordre en réalité nécessaire[68]. Mais il n'a pas non plus l'assurance sans faille de celui qui déploie un savoir mathématique, dont la certitude s'envisage « *sub specie aeternitatis* » : le savoir qu'il met en œuvre est à la fois rationnel et approximatif, proprement expérientiel, c'est celui du politique et du stratège, celui que requiert, aussi, toute éthique *appliquée*.

De cette manière, peut aussi s'expliquer le parallèle effectué par Spinoza : « c'est ainsi que nous savons par [l'entendement naturel][69] qu'un poison donne la mort[70] », tandis que le première partie de l'objection formulée par Blyenbergh[71] est levée, même si Spinoza accorde aussi que cet « entendement naturel » n'a pas été suffisant pour assurer à Adam le bon usage de sa liberté. En effet, l'entendement participe bien à la connaissance du premier genre, même s'il ne la « détermine <*determinatur*> » pas : c'est en fait le mode de constitution originaire de l'expérience qui explique à la fois la forme prise par la révélation divine – celle d'une connaissance inadéquate, mutilée – et ses répercutions morales, telles qu'elles sont exhibées par la culpabilité impliquée par l'idée de péché, de chute.

Mais sur ce dernier point nous sommes amenée à extrapoler davantage, et ne prétendons pas à autre chose que formuler une hypothèse

66 *TRE*, § 83.

67 *E*, IV, 62, sc.

68 *E*, II, 44 et sc.

69 Ou, selon la traduction de Ch. Appuhn : « par la lumière naturelle ».

70 « *quemadmodum et nobis per naturalem intellectum revelat venenum esse mortiferum* », *L* 19.

71 « Je ne sais pas en quoi consiste cette révélation d'un poison mortel que Dieu nous aurait faite par la lumière naturelle de l'entendement <*Nec capio, quod Deus per naturalem intellectum nobis, venenum lethale esse, revelavit*> », *L* 20.

rationnelle. En effet, pourquoi Adam, qui passe de l'innocence à un début de connaissance seulement, est-il moins libre, ou, comme le formule Spinoza, se trouve-t-il privé par là « d'un état plus parfait <*perfectioris status*>[72] » ? Parce que, ainsi que le mythe l'exprime d'ailleurs clairement, il sera désormais gouverné par la crainte et la culpabilité : loin de le rendre capable de gouverner ses affects, sa décision n'a fait que substituer des affects tristes, négatifs, dépréciateurs de son essence, à des affects auparavant joyeux, positifs, affirmateurs de son essence.

L'accès à la moralité a quelque chose d'irréversible : une fois effectué, il n'est plus guère possible de retrouver la tranquille amoralité qui l'a précédé. Si elle constitue une étape décisive de notre socialisation, elle a aussi des effets mutilants et destructeurs : ainsi que l'observe Freud dans *Malaise dans la culture*, ce n'est pas la transgression de la loi qui engendre la culpabilité, mais son intériorisation[73] ; d'un point de vue économique et dynamique, la mise en place du surmoi <*Überich*> a pour conséquence nécessaire qu'un certain montant des pulsions d'agression <*Aggressionstriebe*> ou de destruction <*Destruktionstriebe*> se trouve alors retourné contre soi-même, engendrant les diverses manifestations du masochisme.

Spinoza nous semble avoir identifié cette inversion de la cause et de l'effet par quoi se caractérise la connaissance du premier genre telle qu'elle est synthétisée dans le mythe : Adam et Ève ne sont pas coupables d'avoir désobéi, ils ont désobéi parce qu'ils étaient déjà « coupables », ou, pour le dire autrement, ayant intégré l'autorité rationnelle incarnée par Dieu sous une forme morale et non pas éthique, ils ont commencé par être, effectivement, à la fois plus malheureux et moins libres, bien qu'un peu plus savants, expérimentant pour la première fois, en eux-mêmes, la tristesse intrinsèque de la morale. La culpabilité n'est, le plus

72 *L* 19 (nous ajoutons l'adjectif ignoré par Ch. Appuhn).

73 « Au début la conscience morale <*anfangs ist zwar das Gewissen*> (plus exactement l'angoisse qui plus tard devient conscience morale <*richtiger : die Angst, die später Gewissen wird*>) est certes cause du renoncement pulsionnel <*Ursache des Triebverzichts*>, mais plus tard le rapport s'inverse <*aber später kehrt sich das Verhältnis um*>. Tout renoncement pulsionnel <*Triebverzicht*> devient alors une source dynamique de la conscience morale <*eine dynamische Quelle des Gewissens*>, tout nouveau renoncement en accroît la sévérité et l'intolérance <*Strenge und Intoleranz*>, et (...) nous serions tentés de professer cette thèse paradoxale <*dem paradoxen Satz zu bekennen*> : la conscience morale est la conséquence du renoncement pulsionnel <*das Gewissen ist die Folge des Triebverzichts*> », chap. VII, *OCP*, XVIII, p. 315-316 ; *GW*, XIV, *Das Unbehagen in der Kultur*, p. 488.

souvent, pour l'homme du commun, que le remords – peut-être parfois mâtiné de regret – d'une faute non commise, mais désirée[74] : le seul et unique point commun du criminel et du sage est sans doute d'en ignorer la morsure, le premier parce qu'il est en deçà de tout sentiment de culpabilité, le second parce qu'il est au-delà (ou « au-dessus de la loi <*supra Legem*>[75] », comme dit Spinoza)[76].

SALUT ET PERDITION

MORALITÉ COMMUNE ET ÉTHIQUE

Dans un bref commentaire du mythe du « premier homme », Spinoza, dans le scolie de la proposition 68 d'*E*, IV, déclare pour l'essentiel : « il [Moïse] raconte que Dieu a interdit à l'homme libre de manger [le fruit] de l'arbre de la connaissance du bien et du mal et que, sitôt qu'il en mangerait, *il devait craindre la mort plutôt que désirer vivre*[77] ».

Mais respecter la loi par crainte de la mort, ou de la perdition, ce n'est pas aimer la vertu. L'homme de l'éthique se détermine positivement, l'homme moral, négativement, et la puissance de ses formations réactionnelles ne peut guère oblitérer les ressorts animiques qui le font agir : loin d'en être libéré, il en est dupe. Blyenbergh, qui fournit avec horreur maints exemples mentionnant le meurtre et l'adultère,

74 Ainsi que le résume Freud : « Il en va autrement dans le cas de l'angoisse devant le surmoi <*Anders ist im Falle der Angst vor dem Über-Ich*>. Ici le renoncement pulsionnel n'est pas un recours suffisant <*Hier hilft der Triebverzicht nicht genug*>, car le souhait persiste et ne se laisse pas dissimuler au sur-moi <*denn der Wunsch bleibt bestehen und läßt sich vor dem Über-Ich nicht verheimlichen*>. Malgré le renoncement effectué, un sentiment de culpabilité <*ein Schuldgefühl*> surviendra donc et c'est là un grand inconvénient économique de l'instauration du sur-moi <*ein großer ökonomischer Nachteil der Über-Ich-Einsetzung*>, autrement dit de la formation de la conscience morale <*der Gewissenbildung*> », *Le malaise dans la culture*, *op. cit.*, chap. VII, p. 315, *GW*, p. 487.

75 *L* 19.

76 Plus précisément, le criminel est indifférent à la loi qu'il transgresse, tandis que le sage n'éprouve pas les désirs qui le poussent à cette transgression. La loi, quoique en des sens opposés, n'exerce donc sur eux aucune coercition.

77 « *narratur, quod Deus homini libro prohibuerit, ne de arbore cognitionis boni, et mali, comederet et hoc, simulac comederet* statim mortem metueret potius, quam vivere cuperet » (nous soulignons).

en fournit une illustration assez évidente. Spinoza s'en est-il souvenu, lorsqu'il écrivit, dans l'*E* :

> un homme d'âme forte considère avant tout que tout suit de la nécessité divine ; que, par suite, tout ce qu'il pense être insupportable et mauvais et tout ce qui, en outre, lui paraît immoral, digne d'horreur, injuste et vilain, cela provient de ce qu'il conçoit les choses d'une façon troublée, mutilée et confuse[78] ?

Si nous poussons le raisonnement jusqu'à son terme, alors ainsi devons-nous considérer la mort[79] : après tout, l'horreur qu'elle nous inspire n'est l'expression d'aucune essence mais l'effet de l'anticipation spontanée et imaginaire de cette privation, majeure à nos yeux il est vrai, sur notre *anima.* Épicure, l'un des rares philosophes antiques dont Spinoza reconnaît l'intérêt[80], l'avait compris[81]. Pour l'homme de l'éthique, il n'y a que de l'être et du non-être, et, entre ces deux pôles, la gamme indéfinie des variations de puissance par lesquelles des essences actuelles se manifestent dans la durée et à travers les interactions déterminées par l'entrelacement des causes <*causarum nexus*>. C'est donc la détermination du vrai et du faux qui orchestre celle du bien et du mal, du bon et du mauvais, et leur « connaissance vraie <*vera boni, et mali cognitio*>[82] » : l'action véritablement bonne, celle qui exprime une moralité proprement éthique, échappe aux contraintes de la morale commune précisément parce qu'elle est rationnelle, et dans cette mesure.

L'intégration profonde de cette rationalité rend impossibles les déchirements de la conscience malheureuse parce que le sage est *incapable* de désirer autre chose que ce qu'il juge être le meilleur pour les autres et pour lui-même : c'est presque ce que l'on pourrait appeler l'impuissance paradoxale de la puissance, puisque tout degré de puissance implique et exclut à la fois, logiquement et nécessairement, un

---

78 « *vir fortis hoc apprime consideret, nempe quod omnia ex necessitate divinae naturae equantur ; ac proinde quicquid molestum, et malum esse cogitat et quicquid praeterea impium, horrendum, injustum, et turpe videtur, ex eo oritur, quod res ipsas perturbate, mutilate, et confuse concipit* », IV, 73, sc.

79 Encore qu'il vaille mieux ne pas la considérer du tout, ainsi que l'établit Ch. Jaquet dans « Le mal de mort chez Spinoza (et pourquoi il n'y faut point songer) » in *Fortitude et servitude. Lectures de l'*Éthique *IV de Spinoza*, *op. cit.*

80 *L* 56.

81 Même si les conséquences pratiques que tous deux en tirent quant à la question de savoir s'il vaut mieux méditer ou non sur la mort sont différentes.

82 *E*, IV, 62, sc.

certain degré d'impuissance. Dans le champ des valeurs, il n'est donc pas tout à fait vrai que « qui peut le plus peut le moins », et puisque les affects rationnels l'emportent, en puissance, à long terme sur les affects animiques, il n'est pas si facile, pour le tyran ou le manipulateur des consciences, de les renverser. Encore une fois, la constitution mentale <*mentis constitutio*>, qu'elle soit déterminée principalement par le corps <*corporis constitutio*>, l'*anima* <*animae constitutio*> ou l'intellect <*intellectus*>[83], ne se décrète pas.

Aussi « l'homme libre <*homo liber*> » se préserve-t-il des bienfaits de ceux qui sont « ignorants <*ignaros*> » : il aura, paradoxalement, du mal à ne pas les offenser, alors même qu'il peut avoir besoin d'eux ou qu'ils sont susceptibles, à l'occasion, de lui nuire[84]. Ces considérations de prime abord assez dures, contenues dans l'*E*, IV, nous rappellent utilement, ainsi que le formule P.-Fr. Moreau, que « parmi les traits qui affleurent le plus vite dans les relations interhumaines, l'un des plus notables est que le mépris affiché par leurs supérieurs est insupportable aux hommes[85] ». Précisément, l'homme de l'éthique, qui reconnaît la nécessité en toute chose, est à peu près inaccessible au mépris comme à l'admiration (même s'il peut, malgré lui, donner l'impression d'un mépris des autres : nous y reviendrons) : du moins, connaissant les mécanismes engendrant ces sentiments, il ne peut en être dupe.

En même temps, ces remarques, comme à peu près toutes celles que comporte la quatrième partie de l'*E*, montrent assez que beaucoup de réalités ont des effets dont tient compte, avec prudence et raison, l'homme sage, alors même qu'ils n'expriment l'essence de nulle chose, nul être : on est même frappé, à bien les considérer, par le caractère exponentiel, démultiplicateur, de leurs interactions. L'histoire, dont l'idée tout entière implique – du moins dans la représentation commune – une image simplifiée, à la fois linéaire et irréversible, du temps, déploierait-elle un espace paradoxal, à la fois imaginaire et réel, dont la causalité prendrait la forme de cet enchevêtrement dans la durée de causes <*causarum nexus*>[86] diverses, dont l'efficience est tantôt négative, tantôt positive ?

83 *L* 17.
84 *E*, IV, 70, dém. et sc.
85 *Spinoza. État et religion*, Lyon, ENS éditions, 2005, p. 6.
86 *E*, IV, 62, sc.

IMPIUS, IMPROBUS ET *PROBUS*

Conscience et inconscience

La suite de l'échange, qui engage une réflexion sur le salut et la perdition, ne va pas s'avérer plus aisée pour les deux interlocuteurs, Blyenbergh soutenant évidemment leur définition théologique traditionnelle tandis que Spinoza, là encore, en donne une version iconoclaste, défendant l'idée du caractère à la fois immanent et nécessaire de la justice divine. Après avoir rappelé brièvement que si « les méchants expriment à leur manière la volonté de Dieu, ils ne sont cependant pas pour cela à comparer avec les bons : plus une chose a de perfection, en effet, plus elle participe de la divinité et plus elle exprime la perfection de Dieu[87] », Spinoza ajoute, juste avant de clore sa lettre :

> Bien plus, comme ils ne connaissent pas Dieu, ils ne sont qu'un instrument dans la main du divin ouvrier, et un instrument qui sert à son insu <*inscium*> et se [consume] en servant, tandis que les bons servent, en le sachant <*conscii*> et en se rendant plus parfaits en servant[88].

L'opposition, dans le texte latin, des épithètes *« inscius »* et *« conscius »* n'est pas sans rappeler fortement le scolie d'*E*, V, 39 : en effet, lorsque l'ignorance dont il traite a le sens d'un simple manque de connaissance ou de culture, Spinoza utilise le terme *« ignarus*[89] *»* ; si *« inscius »* signifie bien, en latin, « qui ne sait pas », la manière dont Spinoza l'oppose à *« conscius »*, qui désigne non seulement celui qui a une connaissance mais la possède *intimement*[90], indique qu'il est question de degrés de compréhension ou d'intégration de la connaissance en question, c'est-à-dire de conscience[91].

87 *« impios Dei voluntatem suo modo exprimere, ideo tamen cum probis nullatenus sunt comparandi : quo enim Res aliqua plus perfectionis habet, eo etiam magis de Deitate participat, Deique perfectionem exprimit magis »,* L 19.

88 *« Imo, quia Deum non cognoscunt, non sunt nisi instrumentum in manu Artificis, quod inscium servit, et serviendo consumitur, probi contra conscii serviunt, et serviendo perfectiores evadunt »*, *ibid.*

89 Ainsi, par exemple, dans le scolie d'*E*, IV, 70.

90 Ainsi que le précise le dictionnaire de F. Gaffiot.

91 Ce sens est explicite ailleurs, par exemple dans *E*, III, Déf. des Aff., expl. : « Que l'homme, en effet, *ait* ou n'ait pas *conscience* de son appétit <*Nam sive homo sui appetitus* sit conscius, *sive non sit*> cet appétit n'en demeure pas moins le même ».

Chez Spinoza la conscience, parce qu'elle implique la connaissance des causes, est toujours indissociablement conscience « de soi, de Dieu et des choses *<sui, et Dei, et rerum>*[92] » : en ce sens, non pas courant mais fort, elle intervient donc dans le texte spinozien chaque fois que l'individu a suffisamment développé la causalité propre à sa nature pour que sa détermination par les causes externes ne soit plus susceptible de l'entraver. Ainsi Spinoza oppose-t-il l'âme de l'enfant, petit *<infans>* ou grand *<puer>*, et « une Âme consciente au plus haut point d'elle-même et de Dieu et des choses, et telle que tout ce qui se rapporte à sa mémoire ou son imagination soit presque insignifiant relativement à l'entendement[93] ».

Par conséquent, « servir *<servire>* » ou « honorer Dieu *<Dei voluntatem exsequari>* », c'est-à-dire littéralement « suivre ou exécuter jusqu'au bout sa volonté », dans la *L* 19 et les suivantes, signifie simplement : être soumis aux lois universelles de la nature et en exprimer la puissance. Mais « l'orgueilleux, l'avare, le désespéré *<improbos superbia, avaritia, desperatione>* », tout en s'imaginant servir leurs intérêts, le font de manière à concourir à leur propre perte : bien que Ch. Appuhn traduise *« consumitur »*, par « se détruisent », il ne s'agit pas nécessairement d'un changement d'essence ou *« destructio »* – même s'il peut sans doute advenir au « désespéré », notamment en cas de mort animique et de suicide. Tout au contraire, « le généreux, le patient, le charitable *<probos generositate, patientia, amore>* » renforcent effectivement leur puissance, c'est-à-dire se rendent plus parfaits *<perfectiores evadunt>*, tout en sachant qu'ils servent Dieu *<conscii serviunt> :* cette thèse, tout à fait conforme à la pensée développée dans l'*E*, laisse cependant place à deux acceptions de l'ignorance ou de l'inconscience.

D'une part, en effet, les « méchants » sont tantôt nommés *« impios »* (à la fin de la lettre), tantôt *« improbos »*, (dans les exemples précédents), alors que les « bons », sont, dans les deux cas, désignés par *« probos*[94] *»*. Cela pourrait laisser penser que ceux qui sont mauvais ou malhonnêtes, se nuisent particulièrement, ou encore plus, si, de surcroît, ils sont « impies » au sens traditionnel du terme, c'est-à-dire hommes de peu

---

92 *E*, V, 39, sc.

93 *« plurimum sit conscia ; atque ita ut id omne, quod ad ipsius memoriam, vel imaginationem refertur, in respectu ad intellectum vix alicujus sit momenti »*, *ibidem*.

94 Blyenbergh, au contraire, oppose *« pios »* et *« impios »* : *« Sed ea ratione mihi videris statuere impios Deum aeque, ac pios, suis operibus colere »*, *L* 20.

de foi, ne souscrivant ni à l'exigence de justice, ni à celle de charité[95]. D'autre part, « servir <*servire*> » Dieu ou « l'honorer <*Dei voluntatem exsequari*> », c'est-à-dire accomplir pleinement sa volonté, sans plus de précision, peut désigner aussi bien la vertu de l'homme pieux <*probus*> que celle, plus rationnelle, du philosophe <*philosophus*> : la perdition <*perditio*> qui paraît indistinctement frapper les « méchants » semble donc supporter des nuances ou des degrés, au même titre que le salut <*salus*> auquel les « bons » œuvrent consciemment <*conscii*>.

Le respect ou la transgression des lois morales, « ces moyens de salut qui ne sont rien que des causes <*media, quae nil nisi causae sunt*>[96] », bien que le premier puisse être relativement extérieur à la connaissance rationnelle, augmentent donc notre perfection ou notre imperfection, et causent, de manière immanente et ici-bas, notre salut ou notre perte en tant qu'ils ne sont « que les effets découlant nécessairement de ces mêmes causes <*nisi effectus sunt, qui necessario ex illis mediis fluunt*>[97] ».

C'est d'autant plus logique que les exemples avancés par Spinoza renvoient à des affects qui, dans l'*E*, sont effectivement dits exprimer au plus haut point l'impuissance, tels l'orgueil <*superbia*>[98] et la mélancolie <*melancholia*>[99] plus encore que l'avarice <*avaritia*>[100], tandis que la patience <*patientia*> – qui peut s'apparenter à la fermeté <*animositas*> –, et la générosité <*generositas*> renvoient aux deux caractéristiques de la « fermeté d'âme <*fortitudis*>[101] » ou fortitude, et que la charité <*amor*>, littéralement « l'amour », s'y trouve décrit comme un affect plus puissant que la haine, le seul qui soit susceptible de la vaincre[102]. Or la traduction substantive le texte latin qui évoque, littéralement, « ceux qui sont mauvais par orgueil, avarice, désespoir <*improbos superbia, avaritia, desperatione*> » et « ceux qui sont bons par générosité, patience, amour <*probos generositate, patientia, amore*> », c'est-à-dire des hommes qui sont en proie à des affects avant que d'être en proie à des vertus ou à des vices.

95 Ce que semble symboliser l'Évangile de Luc, à travers les figures du bon et du mauvais larron crucifiés en avec le Christ (23, 40).

96 *Ibid.*

97 *Ibid.*

98 *E*, IV, 55, 56 et dém.

99 *E*, III, 59, sc., IV, 45, sc. 2.

100 *E*, IV, 44, sc.

101 *E*, IV, 73, sc.

102 *Ibid.*

On peut comprendre (ou expliquer), dès lors, la révolte et l'incompréhension de Blyenbergh : dans une telle perspective, le mérite et la faute, c'est-à-dire la responsabilité, sont exclus et celui qui, à sa manière, redoute fortement et la mort, et la perdition[103], peut avoir le sentiment que son sort tout entier dépend à la fois d'un degré de puissance et d'une somme de conjonctures, ou d'interactions causales, sur lesquels il n'a à peu près aucune prise. Les méchants, dont il considère apparemment qu'ils sont les plus nombreux, paraissent damnés de toute éternité ; les bons, bénéficier, eux aussi de toute éternité, d'une grâce incompréhensible. Les inégalités de puissance et de sort, ainsi considérées, constituent des destins[104]. Aussi tient-il à penser que la vertu se manifeste dans l'effort que l'on fournit pour combattre ses mauvais penchants, et qu'il y a du mérite à cela, par quoi se signale au contraire, aux yeux de Spinoza, l'absence ou le manque de vertu : leur divergence est donc complète.

Détermination de l'action et corrélations psychophysiques

Pourtant Blyenbergh soulève une interrogation qui semble avoir retenu l'attention de Spinoza, lorsque, tâchant de montrer que le mal consiste bien en quelque chose de positif, il demande : « Considérons encore l'acte de tuer : en tant que c'est un acte positif, Dieu y prête son concours : mais se peut-il qu'il ignore l'effet d'un tel acte, à savoir la destruction d'un être et la dissolution d'une créature de Dieu[105] ? ».

À ses yeux, « le mal qui est lié à cet acte *<illum actum malum>* », de même qu'à toute action adultérine, ainsi qu'il l'a fait valoir juste avant, consiste bien, comme l'a fait Adam, à transgresser un interdit, soit par exemple « en ce que je m'unis, contrairement à un engagement pris par moi ou à une prescription divine, avec [la femme d'autrui][106] avec qui

103 *L* 20.

104 « Et qu'est-ce qu'être placé par Dieu dans une condition qui se définit par une certaine mesure d'essence et de perfection *<et a Deo in certa mensura perfectionis, et essentiae collocari>* ? Cela ne revient-il pas à dire qu'il nous est impossible d'acquérir un autre état que celui que Dieu sait parfaitement qui nous est assigné (...) ? *<nonne est velle, nos alium, praeter sui perfectam notitiam, non posse acquirere statum, nisi aliter decrevisset, ac voluisset>* ? », *ibid.*

105 « *Attende occidendi actum : quatenus est actus positivus, cum eo Deus concurrit : sed vero istius actionis effectum, nempe alicujus Entis destructionem, et Dei creaturae dissolutionem anne ignoraret ?* », *L* 20.

106 Ch. Appuhn traduit bizarrement *alterius uxore* par « une femme étrangère ».

cet acte n'est pas licite[107] » : manifestement, Blyenbergh fait consister la positivité du mal à la fois dans l'effectivité de l'action mauvaise et dans son efficience, telle qu'elle engendre un certain nombre d'effets, comme « la destruction d'un être et la dissolution d'une créature de Dieu ». Spinoza, on le sait, reviendra, à propos d'un exemple tout à fait similaire, sur ce point dans l'*E* :

> L'action de frapper, en tant qu'on la considère physiquement, ayant égard seulement à ce qu'un homme lève le bras, serre le poing et meut avec force le poing tout entier de haut en bas, est une vertu qui se conçoit par la structure du Corps humain. Si donc un homme, [mû par la Colère ou la Haine][108], est déterminé à serrer le poing ou à mouvoir le bras, cela a lieu parce qu'une seule et même action, (...) peut être jointe à des images quelconques de choses ; nous pouvons donc être déterminés à une seule et même action aussi bien par les images des choses que nous concevons confusément que par celle des choses que nous concevons clairement et distinctement[109].

Nous ne reviendrons pas sur la manière dont la *fabrica corporis* est engagée dans l'action ici décrite[110], mais plutôt sur l'ordre analytique que suit Spinoza dans son exposition : le mouvement est concomitant d'un affect – l'homme est dit « *commotus* », mû par la colère ou la haine – qui se rapporte à des « images de choses *<rerum imaginibus>* » qui peuvent être soit « confusément », soit « clairement et distinctement conçues *<imaginibus rerum, quas confuse, quam quas clare, et distincte concipimus>* » et dont il est précisé, en dernière instance, qu'elles « nous déterminent *<determinari>* » –, de sorte qu'en première lecture ne semble différer, dans l'un et l'autre cas, que le degré de rationalité de cette conception. Si nous nous en tenons là, et que nous suivons la suggestion formulée par Spinoza *L* 21 :

107 *« cum alterius uxore contra datam fidem, et jusjurandum meum rem habeo »*, *ibid.*

108 Ou, comme le formule Ch. Appuhn, « dans un mouvement de Haine ou de Colère ».

109 *« verberandi actio, quatenus physique consideratur, (...) quod homo brachium tollit, manum claudit, totumquebrachium vi deorsum movet, virtus est, quae ex Corporis humani fabrica concipitur. Si itaque homo, Ira, vel, Odio commotus, determinatur ad claudendam manum, vel brachium movendum, (...) sit, quia una, eadem actio potest jungi quibuscunque rerum imaginibus ; atque adeo tam ex iis imaginibus rerum, quas confuse, quam quas clare, et distincte concipimus, ad unam, eandemque actionem determinari, possumus »*, IV, 59, sc.

110 Sur ce point, voir P. Sévérac, en particulier « Le devenir actif du corps affectif », in *Astérion*, n° 3, septembre 2005, et *Le devenir actif chez Spinoza*, Paris, Honoré Champion, 2005, dont notre analyse est largement tributaire.

> N'introduisant pas dans mon idée de Dieu celle de juge, j'estime les œuvres suivant leur qualité, non suivant la puissance de l'agent qui les produit, et, pour moi, la récompense qui suit l'œuvre en est une conséquence qui en découle aussi nécessairement qu'il découle de la nature d'un triangle que ses trois angles égalent deux droits[111],

alors les « hommes probes <*probos*> » au sens large – ceux qui sont plein de piété aussi bien que le philosophe – semblent susceptibles d'accomplir une action morale, qu'il s'agisse de frapper une bête sauvage ou un autre homme, pourvu que les choses dont l'image détermine cette action soient rationnellement conçues. Dans une telle perspective, le « salut <*salus*> », tel que « toute notre béatitude consiste dans l'amour de Dieu et que cet amour découle nécessairement de la connaissance de Dieu (…)[112] », appartient aux hommes de bonne volonté qui s'efforcent d'agir suivant la justice et la charité, c'est-à-dire, dans une situation de paix où les affects tristes et antipolitiques ne se trouvent pas exacerbés, à une relative, ou raisonnable, majorité de personnes. Du moins est-ce la définition large à laquelle Spinoza se tient dans cet échange épistolaire, soit qu'il cherche à ménager un terrain d'entente avec son interlocuteur en se mettant à sa portée, soit que telle soit effectivement, à ce moment-là, sa pensée.

Cependant, dans le scolie de la proposition 59 d'*E*, IV, le degré de rationalité de la conception <*concipimus*> indique aussi un ordre psychophysique de la détermination de l'action : si l'idée de la chose est confuse, alors elle n'est que la représentante animique d'un événement corporel – une réactivation perceptive ou mnésique – qui la détermine, de sorte que c'est le corps qui, en réalité, est au principe de l'action, l'affect de colère ou de haine, comme l'ensemble des représentations qui accompagnent l'action, ne faisant au mieux que l'enregistrer et la justifier : elles participent à sa réalisation sans la déterminer.

En outre, si l'homme engagé dans cette action est de complexion brutale, – a « le sang épais[113] » et se plaît à imaginer « rixes, sévices, meurtres et autres choses semblables[114] » –, ce type de détermination

111 *« quia Deum tanquam judicem non introduco, et ideo ego opera ex operis qualitate, non vero ex potentia operatoris aestimo, et merces, quae opus consequitur, tam necessario id consequitur quam ex natura trianguli sequitur, tres ejus angulos duobus rectis aequales esse debere ».*

112 *« summa nostra beatitudo in amore erga Deum consistit attendit, quodque ille amor necessario ex Dei cognitione, (…), fluit », ibid.*

113 *« eos, qui tenacem habent sanguinem », L 17.*

114 *« rixas, molestias, caedes, hisque similia », ibid.*

de l'action est chez lui la règle, et non l'exception, parce que sa pensée, principalement imaginaire, est sous la dépendance de sa constitution corporelle <*corporis constitutio*>. Ce dernier facteur peut aussi être engendré occasionnellement, par certaines circonstances externes, comme « les fièvres et autres maladies[115] » : mais ce qui importe, c'est que l'inadéquation de la représentation signale un ordre de corrélation des images, des affects et des idées qui va du corps à l'âme et place respectivement l'*anima* sous la dépendance du corps, et l'intellect sous celle de l'*anima*.

Commence à apparaître pourquoi Spinoza ignore superbement l'intention qui préside à l'acte, qui n'est même pas mentionnée, aussi bien que « la puissance de l'agent <*potentia operatoris*> » : c'est que les deux se trouvent résumées, mieux, exprimées par le degré de rationalité de l'action, ou sa « qualité <*qualitate*> ». Chez un homme dont les idées sont confuses, en effet, l'intention importe peu, dont la réalisation ou la non-réalisation dépendent presque tout entières des causes externes, et sont livrées au hasard de leur « enchevêtrement <*causarum nexus*>[116] » : sa puissance est donc nécessairement plus faible que celle de l'homme dont les idées sont claires et distinctes et qui, dans la mesure où elles le sont, a soit des intentions justes et charitables, soit des intentions fermes et généreuses, avec le degré respectif de puissance que cela implique.

Dans le premier cas, sa puissance sera proprement imaginative : son imagination, placée sous la dépendance de la constitution non du corps mais de l'âme <*animae constitutio* ou *mentis constitutio*>[117], manifeste alors une puissance proprement animique, telle qu'« elle suit en tout les traces de l'entendement, enchaîne et *ordonne ses images [et ses mots]*[118], comme l'entendement ses démonstrations[119] ».

Dans le deuxième cas, la puissance mise en œuvre est proprement rationnelle : c'est celle d'un *intellectus* bien intégré, dont les idées et les connaissances ont été absorbées et appropriées par la partie animique de la *mens*. C'est celle du sage, du philosophe ou de l'homme libre accompli,

115 « *febres, aliasque corporeas alterationes* », *ibid.*

116 *E*, IV, 62, sc.

117 *L* 17.

118 Nous ajoutons cette précision conformément au texte latin.

119 « *quandoquidem, (…) intellectus vestigia in omnibus sequitur et suas imagines, ac verba ex ordine, sicuti suas demonstrationes intellectus, concatenat et invicem connectit* », *ibid.*

dont les intentions seront d'autant plus éthiques et assurées d'aboutir qu'elles procèderont d'une conception tout à fait adéquate de la situation. Cela ne signifie pourtant pas que sa puissance imaginative est alors mise au ban : d'une part, parce que « nous ne pouvons presque rien connaître par l'entendement dont l'imagination ne forme à sa suite une image[120] », d'autre part, parce que seule cette puissance imaginative peut procéder à l'évaluation des conséquences les plus probables de l'acte dans la durée : simplement, c'est en suivant « les traces de l'entendement <*intellectus vestigia*> », ou « à sa suite <*e vestigio*> », qu'elle le fait, c'est-à-dire en se conformant le plus possible à un ordre rationnel.

En effet, c'est là la seule modalité valable (autre qu'imaginaire) d'application de l'expérience à l'avenir, ainsi que le fait valoir la proposition 66 d'*E*, IV : « Nous *préfèrerons* sous la conduite de la Raison un bien plus grand futur à un moindre présent, et un mal moindre présent à un plus grand futur[121] » : il s'agit, littéralement, d'« avoir en appétit <*appetere*> » non de vouloir <*volere*>, ce qui signale *à la fois* qu'il ne s'agit pas d'une action rationnelle, mais que l'intégration d'un ordre rationnel non seulement par l'*anima* mais par le corps a été profonde, puisque l'appétit est en général, dans l'*E*, rapporté au corps (tandis que la volonté l'est à l'âme et le désir, aux deux[122]).

En effet, le degré de la puissance imaginative est d'autant plus grand qu'elle est capable de nous représenter les choses comme suit : « En tant que l'âme conçoit les choses suivant le commandement de la Raison, elle est *également* affectée, que l'idée soit celle d'une chose future ou passée, ou celle d'une chose présente[123] ». Si l'âme <*mens*> conçoit <*concipit*> aisément l'idée de la chose passée ou présente, celle de la chose future relève de l'évaluation expérientielle, dans la durée, des conséquences de l'action, et suppose, paradoxalement, l'abolition du temps comme catégorie simplement imaginaire.

Ce qui se traduit, pour l'intellect ou pour l'âme « *quatenus ex rationis dictamine concipit* », par la conception des choses « sous la même espèce

120 « *adeo ut fere nihil possimus intelligere, de quo imaginatio non aliquam e vestigio formet imaginem* », *ibid.*

121 « *Bonus majus futurum prae minore praesenti, et malum praesens minus prae majori futuro ex rationis ductu* appetemus » (nous soulignons).

122 *E*, III, 2, sc.

123 « *Quatenus Mens ex rationis dictamine res concipit*, aeque *afficitur, sive idea sit rei futurae, vel praeteritae, sive praesentis* », *E*, IV, 62 (nous soulignons).

d'éternité ou de nécessité <*sub eadem aeternitatis, seu necessitate specie*>[124] » (ou, ainsi que le formule Ch. Appuhn, « comme possédant une même sorte d'éternité ou de nécessité »), et pour l'*anima*, par un affect égal <*aeque afficitur*>, quelle que soit la situation de la chose dans le temps, et par une « préférence <*appetimus*> » pour celle que l'âme conçoit <*concipit*> être, d'un point de vue rationnel, la meilleure. La corrélation psychophysique de détermination de l'action, dans ce cas, est exactement contraire, non seulement à celle qui caractérise l'homme de complexion brutale, mais aussi à celle du commun en général dans une telle situation évaluative : lorsqu'il se confronte à la durée <*sub continua duratione*>, le calcul imaginatif est l'inverse d'une opération imaginaire.

Nous pouvons alors reconsidérer l'ignorance dont il est question dans *E*, IV, 70 : si « l'homme libre <*homo liber*> s'applique autant qu'il peut <*quantum potest*> à éviter les bienfaits <*beneficia declinare studet*> » des ignares <*ignaros*>, ce n'est pas tant par défiance (il ne les a pas en haine ni ne les craint) que parce qu'il ne veut pas s'exposer à des situations où il aurait à « déférer à leur appétit <*eorem appetitui obsequatur*>[125] » ou risquerait, en ne se soumettant qu'à sa raison <*soli rationi obsequatur*> et en paraissant ainsi les mépriser, de s'attirer leur propre « haine <*ignaris odio*>[126] ». La prudence procède donc d'un calcul imaginatif qui, à partir du savoir expérientiel tiré de situations passées comportant des relations avec des ignorants, infère les conséquences de l'intrication causale <*causarum nexus*> constituée par la réception de leurs bienfaits, d'une part, et par la contradiction de leur appétit avec une conduite rationnelle, d'autre part.

Mais le terme d'« appétit <*appetitus*> » attire notre attention sur un second aspect de cette prudence imaginative, à savoir la mesure, par « l'homme libre qui vit parmi les ignorants <*homo liber, qui inter ignaros vivit*> », de son isolement : car la profondeur de l'intégration rationnelle qui modèle ses affects et son appétit est « rare[127] ». Nous parlons de son isolement plutôt que de sa solitude, néanmoins, car les *ignari* ne sont pas nécessairement *improbi* ou *impii*, et c'est moins un conflit des valeurs qu'une divergence des appétits qu'évoquent la démonstration et le scolie de la proposition 70 : simplement, en-deçà d'un possible

124 *E*, IV, 62, sc.

125 *E*, IV, 70, dém.

126 *Ibid.*

127 « *Sed omnia praeclara tam difficilia, quam rara sunt* » (*E*, V, 42, sc.).

accord des jugements et des comportements avec les hommes justes et charitables, persiste la différence des penchants, qui signale à la fois celle des corps et des âmes.

La morale contraint la manifestation extérieure des appétits qu'elle ne peut pas soumettre, elle est une *contention* dont l'efficace sociale tient pour beaucoup à la crainte de la réprobation d'autrui. L'éthique tire le pouvoir de les soumettre des satisfactions plus hautes qu'elle procure : elle est une *transformation* <*mutatio*>. Ces satisfactions ne sont d'ailleurs pas abstraites ou désincarnées : le « sage <*sapiens*> » décrit dans le dernier scolie de l'*E* « *ne connaît guère le trouble intérieur* <vix animo movetur>, mais ayant par une certaine nécessité éternelle conscience de lui-même, de Dieu et des choses, ne cesse jamais d'être et possède *le vrai contentement* <vera animi acquiescentia>[128] ».

Qu'il s'agisse pour lui d'éprouver du trouble ou de la satisfaction – l'*acquiescentia in se* constitue le plus haut contentement auquel nous pouvons prétendre – c'est le terme *animus* qui est utilisé par Spinoza : loin des conceptions désincarnées auxquelles l'expression d'« amour intellectuel de Dieu » pourrait laisser songer, la béatitude, si elle a bien pour principe « l'intellect seul <*solo intellectu*> » comme « puissance de l'homme pour réduire les affects <*humana potentia ad coercendos affectus*> », s'éprouve dans la partie de l'âme qui se réfère au corps, et consiste dans l'harmonie de l'*anima* et de l'*intellectus* engendrée par un haut degré de conscience « de soi, de Dieu et des choses », soit par la qualité et la profondeur de son intégration rationnelle.

Il y a deux définitions du salut dans les textes spinoziens[129] : une large, que l'on trouve dans sa correspondance avec Blyenbergh, et que l'on peut définir comme la vie morale qui découle du respect des lois, « ces moyens de salut qui ne sont rien que des causes <*media, quae nil nisi causae sunt*>[130] » : le salut, immanent, nécessaire et commençant ici-bas, n'est alors que l'un des effets « découlant nécessairement de ces mêmes causes <*nisi effectus sunt, qui necessario ex illis mediis fluunt*>[131] ». Cette

128 « vix animo movetur, *sed sui, et Dei, et rerum aeterna quadam necessitate conscius, nunquam esse definit sed semper* vera animi acquiescentia *potitur* » (nous soulignons).

129 Notre propos est évidemment tributaire des analyses d'A. Matheron dans *Le Christ ou le salut des ignorants chez Spinoza*, *op. cit.*, auxquelles il souscrit complètement.

130 *L* 19.

131 *Ibid.*

définition, adaptée à son interlocuteur, semble destinée à ménager un espace de dialogue et de compréhension entre des hommes dont les avis ne diffèrent pas moins que les goûts[132], bien qu'ils aient en commun de souscrire au modèle de rationalité proposé par Descartes. Or, les « manières de voir » de Spinoza et de Blyenbergh « diffèrent au suprême degré[133] ».

Et une définition stricte, exprimant sans doute plus complètement et précisément sa pensée : l'harmonie intérieure et la vie éternelle dont participe le sage. Si l'harmonie s'éprouve et se vit de manière concrète, à la fois intellectuelle, animique et corporelle, sous la forme de l'*acquiescentia*, l'éternité[134], qui suppose, après et avec la mort du corps, la dissolution animique comme de tout ce qui, en l'âme <*mens*>, « se rapporte à sa mémoire ou son imagination <*quod ad ipsius memoriam, vel imaginationem refertur*>[135] » ne peut manifestement être connue et vécue que par l'intellect : ce n'est pas là un bien grand abandon, car la partie animique d'une telle âme était déjà « presque insignifiant[e] relativement à l'entendement <*in respectu ad intellectum vix alicujus sit momenti*>[136] ». Mais cela signale une inflexion qualitative du « contentement <*acquiescentia*> ».

Pour le lecteur de l'*E*, il est évident que ces deux définitions sont articulées : nul ne passe directement de la servitude à la liberté, et l'aptitude à la moralité religieuse et commune[137], encouragée et enseignée par l'Écriture comme par les institutions juridiques et politiques, précède et prépare l'aptitude à la moralité éthique. Le salut consiste donc bien, en un premier sens, à se délivrer de l'emprise animique de nos représentations imaginaires pour embrasser, dans nos idées et nos comportements, un ordre et des valeurs (justice et charité) conformes « au commandement de la Raison <*ex rationis dictamine*>[138] ».

132 *E*, I, appendice.

133 *« licet in postremo hoc summopere dissentiamus »*, *L* 21.

134 Sur ce concept, distinct de celui d'immortalité sur lequel il ne saurait être rabattu, voir A. Matheron, « Remarques sur l'immortalité de l'âme chez Spinoza » in *Études sur Spinoza et les philosophies de l'âge classique*, Lyon, ENS éditions, 2011, et Ch. Jaquet, Sub specie aeternitatis. *Étude des concepts de temps, durée et éternité chez Spinoza*, chap. III : « Éternité et immortalité : le statut des modes finis », Paris, Kimé, 1997.

135 *E*, V, 39, sc.

136 *Ibid.*

137 Ainsi P.-Fr. Moreau, dans sa traduction du *TP*, traduit-il *« pieta »* par « moralité », par exemple au chap. II, § 21 : « Il est vrai, toutefois, que la raison enseigne à pratiquer la moralité et à vivre dans la tranquillité et la bonté du cœur <*Verumenimvero, quia ratio pietatem exercere, et animo tranquillo, et bono esse docet*> », Paris, éd. Réplique, 1979, p. 30.

138 *E*, IV, 62.

Mais ce terme même de « commandement » ou de « dictée » n'est sans doute pas utilisé ainsi par hasard dans la partie IV de l'*E*, consacrée à la servitude : tant que les affects ne sont pas eux-mêmes réélaborés, l'obéissance, ici, est certes liberté pour l'intellect, mais soumission pour l'*anima*. Pour utiliser une terminologie auparavant mise en place, les deux parties de l'âme <*mens*> ne sont pas unifiées, le savoir possédé par l'*intellectus* est encore partiellement ineffectif parce qu'incomplètement intégré, et si, à un certain degré, le contentement de soi <*acquiescentia in se*> semble possible, notamment dans l'accomplissement du devoir, la béatitude, elle, ne l'est pas, en raison des affres affectifs auxquels l'impuissance proprement animique qui le caractérise livre l'individu. Spinoza en rappelle l'existence dans le dernier scolie de l'*E*, soit au moment où il souligne que la voie <*via*> qui conduit à la béatitude paraît « extrêmement ardue <*perardua*> » :

> L'ignorant, outre qu'il est de beaucoup de manières ballotté par les causes extérieures et ne possède jamais *le vrai contentement intérieur* <vera animi acquiescentia>, est dans *une inconscience presque complète* <quasi inscius> de lui-même, de Dieu et des choses et sitôt qu'il cesse de pâtir, il cesse aussi d'être[139].

Certes, nous ne savons pas si cet ignorant <*ignarus*> est aussi malhonnête <*improbus*> voire impie <*impius*>, ou s'il est au contraire probe <*probus*> et pieux <*pius*>. Mais si Spinoza ne le précise pas, c'est peut-être parce que cela n'importe pas vraiment quand il est question du salut au sens fort du terme, à savoir comme comportant la béatitude et la vie éternelle. L'utilisation, que nous avons déjà relevée à propos du sage <*sapiens*> dans ce même scolie, du terme *animus* ne nous semble laisser subsister aucune équivoque : tant que l'impuissance animique n'est pas surmontée, seul s'offre à l'homme honnête et charitable un contentement <*acquiescentia*> incomplet, compromis par cette incomplétude même, non véritable <*vera*>.

Certes, Spinoza adoucit immédiatement ce constat en ajoutant : « Si la voie que j'ai montré qui y conduit, paraît être extrêmement ardue, encore y peut-on entrer[140] ». D'une part, en effet, on peut supposer que

---

139 *« Ignarus enim, praeterquam quod a causis externis, multis modis agitatur nec unquam* vera animi acquiescentia *potitur vivit praetera sui, et Dei, et rerum* quasi inscius *et simulac pati definit, simul etiem esse definit »* (nous soulignons).

140 *« Si jam via, quam ad haec ducere ostendit perardua videatur, inveniri tamen potest ».*

c'est précisément par l'ignorant qu'elle est vue <*videatur*> ainsi, et que l'inadéquation de la représentation qu'il s'en fait doit en accroître la difficulté. D'autre part, ajouter, ainsi que le fait Spinoza, « Mais tout ce qui est beau est difficile autant que rare[141] » souligne une difficulté (et montre en même temps la valeur de la chose), ce qui n'est pas énoncer une impossibilité. Au contraire, dire que c'est toujours le cas <*omnia*> revient d'une certaine manière à retirer son caractère d'exception au chemin vers la béatitude – donc à le rendre plus représentable. Enfin, le constat qu'on peut pourtant y entrer <*inveniri tamen potest*> sonne comme une invite, ou du moins, il implique que cela *vaut la peine* d'y entrer, et cela, que nous réussissions à accéder au « vrai contentement <*vera acquiescentia*> » ou non : il y a donc bien des degrés dans le salut comme dans la liberté.

Mais Blyenbergh, lui, ne dispose pas de vue d'ensemble de ces étapes de la libération intérieure. Il cherche à rationaliser une idée confuse, celle de mal, et ne dispose d'abord pour cela que de la notion de privation <*privatio*>, dont la conceptualisation va amener Spinoza à la fois à la distinguer de la négation <*negatio*>, et à aborder la question de la finitude.

141 *« Sed omnia praeclara tam difficilia, quam rara sunt ».*

LA PRIVATION
OU LA QUESTION DE LA FINITUDE

LA PRIVATION

LE PROBLÈME DE LA CAUSALITÉ HISTORIQUE

C'est à propos d'Adam, nous l'avons vu, qu'a été mobilisé pour la première fois la notion de privation, au sens où tout le mal que comportait sa décision de transgresser l'interdit divin résidait moins dans cette volonté, considérée en elle-même <*in se spectatum*>[1], que dans ses effets, la privation d'un état meilleur <*privationis perfectioris status*>[2]. Spinoza soulignait alors à ce propos qu'« qu'une privation n'est rien de positif » – considération somme toute classique, presque attendue – et « que le nom même dont nous l'appelons n'a de sens qu'au regard de notre entendement, non au regard de l'entendement divin[3] » – considération un peu plus inhabituelle : si ce nom n'a de sens que pour notre entendement et non pour l'entendement divin, il est tentant de considérer que c'est le mot ou la dénomination utilisée pour désigner la chose, qui fait l'objet de la réserve ici émise.

Comme tant d'autres qui signifient négativement voire imaginairement des réalités positives – ainsi l'infini pour l'absolu, l'immortalité pour l'éternité – ou positivement des choses dépourvues de contenu propre et qu'on ne peut donc en réalité définir que négativement – le mal, la faute, le péché – la privation ne serait qu'une dénomination inadéquate à l'idée qu'elle sert à exprimer. Mais en même temps, Spinoza

1 *L* 19.

2 *Ibid.*

3 « *Privationem non esse quid positivum, eamque respectu nostri, non vero Dei intellectus ita nominari* », *ibid.*

dit bien que c'est « au regard » – *« respectu nostri »* : littéralement, « eu égard à notre entendement <*intellectus*> » –, et non, comme on aurait peut-être pu l'attendre, pour notre imagination, que ce nom a un sens ou, plus littéralement, que la privation <*privatio*> « est ainsi nommée <*ita nominari*> ».

Serait-ce alors aussi la perspective adoptée par notre entendement qui, en deçà de la dénomination qui la manifeste, se trouverait finalement visée ? Peut-on faire l'hypothèse que si le temps est la notion d'après laquelle l'imagination représente l'ordre des choses, et l'éternité ou la nécessité « l'espèce <*species*> » sous laquelle notre entendement les considère à la manière de l'entendement divin, le concept de durée, en tant qu'il permet la comparaison des états, comme d'ailleurs la mesure de leurs variations ou la saisie de rapports de causalité – implique une perspective qui, bien que rationnelle, n'est relative qu'aux modes finis ?

Ainsi que le fait observer Ch. Jaquet, dans l'*E*, « la structure de la partie V confirme bien le fait qu'une conception *sub specie aeternitatis* fait pendant à une conception *sub duratione* en vertu de cette double propriété qu'ont les choses à être durables et éternelles[4] ». Ces « deux temps qui s'articulent autour du scolie de la proposition XX » se rapportent à « l'examen de ce qui regarde la vie présente et l'analyse de ce qui concerne "la durée de l'esprit sans relation au corps"[5] ». Se pose alors la double question de savoir à quel registre appartient le mal : imaginaire et temporel, ou imaginatif, voire rationnel, et relatif à la durée, et dans quelle perspective inscrire alors l'histoire ?

Question qu'il sera difficile de régler sans nous interroger sur la nature de la causalité historique : en apparence (et sans doute en réalité) massivement passionnelle, ne mobilisant guère, de la part de l'immense majorité de ses agents ou acteurs, que des idées imaginaires ou imaginatives, n'est-elle pas un simple effet de la nature, une production des causes externes ? Si Spinoza s'est beaucoup intéressé à l'histoire – à travers l'hommage rendu à Machiavel et son intérêt constant pour la politique, mais aussi celle du peuple hébreu, ou de l'Empire romain – est-on néanmoins vraiment fondé à parler d'histoire dans une perspective spinoziste, comme s'il s'agissait d'un concept explicitement élaboré comme tel dans le *corpus* spinozien ?

---

4 Sub specie aeternitatis. *Étude des concepts de temps, durée et éternité chez Spinoza*, *op. cit.*, p. 109.
5 *Ibid.*

Le problème, en effet, est qu'un tel concept semble requérir une dialectisation, quelque chose comme la reconnaissance du « travail du négatif[6] », ou d'une efficience de la négativité : et l'on sait que l'on ne trouve pas l'un, et difficilement l'autre dans la philosophie de Spinoza. Les interactions néfastes tissent l'histoire : si le mal peut ou doit avoir une efficience quelconque, c'est peut-être sur ce terrain où la causalité individuelle se heurte si terriblement, et si souvent, à l'efficience transitive des causes externes. D'où notre intérêt pour la manière dont Spinoza aborde la notion si particulière de *privatio*, et dont il lui substitue, en l'objectivant, le concept de *negatio*.

LA COMPARAISON

Concernant le mot « privation », Spinoza précise :

> Cette appellation a pour origine l'habitude où nous sommes de joindre ensemble tous les individus du même genre, par exemple tous ceux qui ont *la forme extérieure* de l'homme, de donner de ce genre une définition que nous croyons convenir à tous et de juger ensuite que tous sont *également aptes* à la perfection la plus haute que nous puissions déduire de cette définition. Quand nous en trouvons un dont *les œuvres* sont en désaccord avec cette perfection, nous disons qu'il en est privé et qu'*il s'écarte de sa nature*[7].

S'il ne s'agit là que de la manière dont nous forgeons des normes fictives incapables de rendre compte de la singularité et de la diversité des êtres, et de la manière dont les mots véhiculent, pire, prescrivent des croyances : en une nature générale commune à tous, en une privation effective d'un état ou d'une nature plus parfaits dont certains se rendraient responsables, tels Adam, etc., Spinoza a beau jeu de critiquer les définitions générales <*generales definitiones*>. Comme nous l'avons déjà envisagé un peu plus haut, la perspective attaquée ici est en réalité imaginaire, et c'est d'autant plus patent que le jugement se fait, dans l'exemple avancé par Spinoza, d'après « la forme extérieure de l'homme <*externam hominum figuram*> », autrement dit d'après une idée qui n'est

6 Hegel, *Phénoménologie de l'Esprit*, préface, Paris, Aubier-Montaigne, 1966.

7 « *Hoc autem hinc oritur quia cuncta ejusdem generis singularis, ea omnia, verbi gratia, quae* externam hominum figuram *habent, una eademque Definitione exprimimus et idcirco judicamus, ea omnia* aeque apta *esse ad summam perfectionem quam ex ejusmodi Definitione deducere possumus ; quando autem unum invenimus, cujus* opera *cum ista pugnant perfectione, tunc id ea privatum esse judicamus, et* a sua natura aberrare », *L* 19 (nous soulignons).

que la représentante d'une image : d'une réactivation perceptive ou mnésique corporelle[8]. Nous devons alors d'autant moins nous laisser désarçonner par le terme d'« entendement <*intellectus*> » que Spinoza paraît expliciter tout à fait son propos en ajoutant :

> Mais Dieu ne connaît pas les choses abstraitement, il ne forme pas d'elles des définitions générales et n'exige pas d'elles plus de réalité que l'entendement divin et la puissance divine ne leur en a réellement accordé ; d'où cette conséquence manifeste que la privation dont nous parlions tout à l'heure n'existe que pour notre entendement et non au regard de Dieu[9].

Dieu, qui connaît directement la singularité des choses et des essences, n'invente donc pas les failles, les défauts, les vices qu'elles revêtiront immanquablement lorsque leurs « œuvres <*opera*> » démentiront les vertus que notre ignorance leur a indistinctement attribuées. En somme, nous forgeons nous-mêmes de toutes pièces la faute, le péché, le mal, et si la connaissance du troisième genre était aussi accessible et commune pour nous que l'est celle du premier, nous ne serions quasiment jamais surpris, jamais indignés, jamais choqués : nos jugements de valeurs coproduisent donc le mal, et toute sa consistance, ou presque, semble lui venir d'eux[10]. Spinoza a raison, évidemment : comment ne pas voir que l'essentiel des reproches que nous faisons aux autres tient à ce qu'ils ne correspondent pas à la définition – au fantasme – d'après laquelle nous nous sommes imaginés les comprendre, saisissant simplement au départ de vagues ressemblances, des points communs externes, avec nous-mêmes ou avec d'autres.

Mais Blyenbergh, tout désordonné et confus que soit par moment son propos, formule une objection digne d'intérêt en avançant l'exemple de « la destruction d'un être et la dissolution d'une créature de Dieu <*Entis destructio, et Dei creaturae dissolutio*>[11] » : non seulement la privation est,

8 Nous reprenons la distinction développée par la *L* 17 entre les réactivations de traces <*vestigia*> corporelles produites par la perception et celles qui sont issues d'une remémoration, l'image étant un événement corporel dont l'âme <*mens*> a l'idée.

9 *« Quoniam vero Deus res nec abstracte novit, nec id genus generales format definitiones nec plus realitatis rebus competit, quam iis Divinus intellectus, et potentia immisit, et revera tribuit ; manifesto sequitur, privationem istam solummodo respectu nostri intellectus, non vero respectu Dei dici posse »*, *ibid.*

10 Nous coproduisons de même, bien entendu, le caractère si souvent décepteur de la réalité à nos yeux : ainsi, nous qualifions de désordre tout ordre que nous n'attendions pas, fait remarquer l'Appendice de la première partie de l'*E.*

11 *L* 20.

dans ce cas, effective, mais qu'elle soit l'effet d'une action positive tout entière rapportable à la puissance corporelle et à l'impuissance animique de son auteur importe peu, car c'est du point de vue de la personne privée de vie qu'elle fait scandale. Spinoza va d'ailleurs la considérer, et loin de se contenter, comme ont pu le faire un Épictète ou un Sénèque, de rétorquer que ce point de vue-là, précisément, est fictif, il mobilise au contraire, à l'usage de son correspondant, un nouvel exemple.

Ainsi, pour illustrer le fait que « la privation n'est pas l'acte de priver, mais purement ou simplement l'absence ou le manque d'une certaine chose (...) ; [que] ce n'est qu'un être de raison, une manière de penser[12] » :

> Nous disons, par exemple, qu'un aveugle est privé de la vue, parce que nous l'imaginons facilement clairvoyant, soit par comparaison avec d'autres hommes, clairvoyants, soit que nous comparions l'état présent de cet homme avec son état passé, du temps qu'il voyait[13].

Si la perte de la vue est bel et bien effective[14], on remarquera que Spinoza semble pourtant déplacer la discussion : la finitude envisagée sous l'angle du meurtre par Blyenbergh (et donc de l'imputation d'une responsabilité) est ici dénuée de tout rapport explicite à autrui – il est apparemment indifférent que l'absence de vision soit native ou plus tardive, causée par autrui ou par toute autre cause ; de même, plus tard[15], répondra-t-il à ce même exemple du meurtre ou du crime, avancé à nouveau par Blyenbergh, par celui d'un meurtre « juste », accomplissant une vengeance réparatrice, puis par celui du suicide.

En outre, les deux cas de figure envisagés ici par Spinoza ne paraissent pas exactement superposables : si la comparaison de l'aveugle avec d'autres hommes est imaginaire, la comparaison de son état présent avec un état passé <*praesentem suum statum cum praeterito*> semble plus fondée : bien qu'il soit effectivement absurde de l'interpréter comme l'effet d'un acte quelconque de priver <*privandi actum*> plutôt que

12 *« Dico igitur primo privationem non esse privandi actum sed tantum simplicem, et meram carentiam quae in se nihil est : est quippe ens rationis tantum, vel modus cogitandi, quem formamus, quum res invicem comparamus »*, *L* 21.

13 *« Dicimus, exempli gratia, caecum visu privatum esse, quia eum facile, ut videntem imaginamur, sive imaginatio haec hinc oriatur, quod cum aliis, qui vident, sive quod praesentem suum statum cum praeterito, quum videbat, comparamus »*, *ibid.*

14 Comme l'était d'ailleurs le changement d'état d'Adam.

15 *L* 23.

comme une carence <*carentia*>, la saisie imaginative de cette carence *sub duratione* revient à la comprendre comme l'effet actuel de certaines causes externes contraires à la nature de cet homme et rencontrées à tel moment antérieur, en d'autres termes, à l'expliquer comme une variation <*variatio*>, soit une diminution localisée de sa puissance corporelle. C'est d'ailleurs là le type même de raisonnement que Spinoza semble faire intervenir pour évoquer un changement d'état subi par Adam[16] (il est vrai pour le critiquer dans un premier moment, puis pour fournir une interprétation rationnelle du mythe).

Dans le premier cas, des natures différentes sont imaginairement rapportées à une norme fictive prétendument commune, ou « définition générale <*generalis definitio*> ». Dans le deuxième, des états divers sont rapportés à une seule et même nature, c'est-à-dire à une quantité de puissance structurée en une forme <*forma*>, et susceptible de connaître des modifications quantitatives <*variationes*> aussi bien que qualitatives <*mutationes*>. Mais, de fait, ce n'est pas nécessairement ainsi que la plupart des hommes comprennent ces changements d'états, ce qui explique sans doute que Spinoza utilise des adjectifs qui signent l'illusion temporelle, plus que l'appréhension de la causalité dans la durée, en opposant *« praesentus »* et *« praeteritus »*.

D'ailleurs la suite, attachée à décortiquer l'illusion commune plutôt qu'à décrire le calcul imaginatif, ne se fait pas attendre : « Quand donc nous considérons cet homme de la sorte, comparant sa nature avec celle d'autres individus ou avec sa *nature antérieure*, nous affirmons que *la vision appartient à sa nature* et, pour cette raison, nous disons qu'il en est privé[17] ».

Manifestement, ne sont pas tant comparés, aux yeux de Spinoza, des états <*stati*> différents exprimant les variations d'une même nature ou puissance, que des natures <*naturae*> différentes : nous serions alors dans l'erreur en interprétant comme variation <*variatio*> un affaiblissement

16 *Cf.* *L* 19 : « Par suite nous ne pouvons trouver aucune imperfection dans la décision prise par Adam aussi longtemps que nous la considérons en elle-même sans la comparer à d'autres décisions plus parfaites et témoignant d'un état plus parfait <*et propterea in Adami decreto, quando illud in se consideramus, nec cum aliis perfectioribus, perfectioremve statum ostendentibus, comparamus, nullam poterimus invenire imperfectionem*> ».

17 *« et cum hunc virum ea ratione consideramus, nempe comparando suam naturam cum natura aliorum, vel cum* praeterita sua, *tunc affirmamus,* visum ad suam naturam pertinere, *et propterea dicimus, cum eo privatum esse »*, *L* 21 (nous soulignons).

de puissance assez substantiel pour constituer, en réalité, une transformation ou mutation <*mutatio*>.

L'erreur interprétative dénoncée par Spinoza tient donc finalement moins à la perspective – relative soit au temps, soit à la durée – ou au registre – imaginaire ou imaginatif – de la comparaison, qu'à son fondement même : la comparaison présuppose que les états <*stati*> conservent suffisamment de points communs pour être rapportés les uns aux autres en tant qu'ils seraient des manifestations différentes d'une seule et même nature « incarnée », en quelque sorte, dans ces points communs. Mais là encore, les termes utilisés n'incriminent pas une appréhension qui se ferait dans la durée, mais une juxtaposition comparative, qui découpe et sépare présent et passé : *« suam naturam (...) cum praeterita sua ».* La question se pose alors de savoir si, en toute rigueur, nous endossons autant de natures différentes que nous avons d'états.

Une autre possibilité interprétative, que nous ne retenons pas telle quelle, consisterait à considérer que de toutes façons, que cet homme soit clairvoyant ou qu'il soit aveugle, l'illusion réside dans le fait d'affirmer <*affirmare*>, en se fondant uniquement sur son apparence extérieure <*externa figura*>, que la vue appartient à sa nature <*visum ad suam naturam pertinere*> : en rabattant la nature sur l'essence singulière, elle évacue la vue comme caractéristique propre de l'individu, dont la nature <*natura*> serait plutôt exprimée par la structure singulière de sa puissance <*potentia*> tant sur le plan quantitatif que qualitatif, c'est-à-dire par une composition unique de particularités que l'on peut trouver également en d'autres êtres, humains ou non.

Bien que juste, cette définition de l'essence ou de la nature singulière, à laquelle nous avons déjà eu recours plus haut, nous semble ici biaiser l'approche du texte : d'une part, l'essence ainsi définie devrait comporter la vue, à titre d'aptitude particulière, pour l'individu qui en est doté, d'autre part, le propos de Spinoza s'y montre à la fois plus général (il n'est pas en train de spécifier un procès d'individuation) et plus rigoureux (il dit bien ce qu'il veut dire). Et c'est précisément à cause de cela que Deleuze a pu évoquer, concernant cette correspondance, l'objection, formulée par Blyenbergh, d'une « instantanéité[18] » de l'essence.

18 *Spinoza et le problème de l'expression*, chap. XV, « Les trois ordres et le problème du mal », Paris, Minuit, 1968, p. 230-231.

LA NÉGATION

NATURE ET ESSENCE

En effet, la suite du propos de Spinoza donne à voir ce qui, dans l'esprit de Blyenbergh, a pu donner lieu à un tel contresens :

> Mais, si l'on a égard au décret de Dieu et à la nature de ce décret, l'on ne peut pas plus dire que cet aveugle est privé de la vue qu'on ne peut le dire d'une pierre, car, à ce moment-là, il serait aussi contradictoire que la vision lui appartînt qu'il le serait qu'elle appartînt à la pierre, *puisque rien n'appartient à cet homme et ne peut être dit sien que ce que l'entendement et la volonté de Dieu lui a accordé.* Et ainsi Dieu n'est pas cause du non-voir de cet homme plus que du non-voir de la pierre ; c'est en quoi consiste une négation pure et simple[19].

Deux nouveaux éléments sont ici mobilisés pour passer de la notion subjective ou de l'idée imaginaire de privation <*privatio*> au concept objectif de négation <*negatio*> : d'une part, la référence « au décret de Dieu et à la nature de ce décret <*Dei decretum, ejusque natura*> » ou à « ce que l'entendement et la volonté de Dieu lui [à cet homme] a accordé <*ad hominem illum nil amplius pertinet, (...), quam id, quod divinus intellectus et voluntas ei tribuit*> ». D'autre part, la comparaison de l'aveugle avec une pierre.

Blyenbergh, pétri de théologie et se représentant Dieu comme un « juge <*judicem*>[20] », va comprendre le « décret » comme une volonté d'autant plus arbitraire et incompréhensible qu'elle est relative « à ce moment-là <*quia illo tempore*>[21] » et qu'elle change donc, apparemment, du tout au tout d'un moment à l'autre sans raison valable : à ses yeux les changements d'états seront donc d'incompréhensibles changements de

19 « *Verum quum Dei decretum, ejusque natura consideratur, non magis de illo homine, quam de lapide possumus affirmare, eum visu orbatum esse, quia illo tempore non magis sine contradictione illi homini visus, quam lapidi competit,* quoniam ad hominem illum nil amplius pertinet, et suum est, quam id, quod divinus intellectus et voluntas ei tribuit. *Et propterea Deus non magis est causa toa illius non videre, quam toa non videre lapidis ; id quod mera est negatio* », *L* 21.

20 *Ibid.*

21 Ainsi qu'il apparaît dans la lettre suivante : « Il paraît découler clairement de ces mots que, suivant votre opinion, n'appartient à l'essence d'une chose que ce qu'au moment considéré on perçoit qui est en elle », *L* 22.

nature, ce que résume parfaitement bien G. Deleuze (bien qu'il semble insinuer que Blyenbergh est de mauvaise foi, ce que nous ne pensons pas) :

> Blyenbergh fait comme si[22] Spinoza disait qu'un être est toujours aussi parfait qu'il peut l'être, *en fonction de l'essence qu'il possède à tel moment.* (...) Spinoza dit tout autre chose : Un être est toujours aussi parfait qu'il peut l'être, *en fonction des affections qui, à tel moment, appartiennent à son essence.* Il est clair que Blyenbergh confond « appartenir à l'essence » et « constituer l'essence[23] ».

Malgré la mise en garde de Spinoza à ce sujet, Blyenbergh, selon nous, comprend ces deux nouveaux éléments de manière anthropomorphique, et c'est là ce qui lui fait commettre un contresens : le degré de puissance ou de perfection accordé par « l'entendement et la volonté de Dieu <*divinus intellectus et voluntas*> » varie de telle manière que Dieu semble provoquer le malheur de l'aveugle (et donc participer à la faute commise par Adam[24]) ; et la comparaison de « cet homme » avec une pierre, destinée à souligner l'action du déterminisme naturel et l'inanité même du procédé comparatif, (qu'il soit imaginaire ou imaginatif), souligne plutôt, à ses yeux, la participation de Dieu qu'elle ne l'éclaire sur « la nature » de son décret <*decretum natura*>.

En réalité, si nous tâchons de bien distinguer ce qui différencie l'idée imaginaire de privation du concept de négation, il faut se souvenir de ce que Spinoza a fait valoir dans sa lettre précédente : l'opinion commune, partant de la figure humaine <*humana figura*>, induit de cette similitude extérieure une définition générale <*generalis definitio*> de la nature humaine. Les individus qui y dérogent semblent alors, par rapport à cette définition, sous-humains (ou, bien que cette implication logique ne soit pas développée par Spinoza, surhumains), c'est-à-dire en situation de perte (ou de gain) par rapport à cette norme fictive qui, de descriptive, se met

---

22 En utilisant la formule « Blyenbergh fait comme si », Deleuze semble se demander s'il ne feindrait pas de mal comprendre, voire caricaturerait volontairement la pensée de Spinoza : ce serait là une interprétation orientée par le fait que, plus tard, il a rédigé deux ouvrages contre la pensée de Spinoza, bien postérieurs à la correspondance (en 1674 et 1682), mais que rien ne permet de vraiment étayer. Sur ce point, on consultera utilement la présentation que M. Rovere lui consacre (*Spinoza. Correspondance*, *op. cit.*, p. 33-35), dont les remarques et les conclusions nous paraissent tout à fait justes.

23 *Spinoza et le problème de l'expression*, *op. cit.*, p. 231.

24 Ce qu'il formule *L* 22 : « D'où il me paraît résulter à nouveau que Dieu veut également et de même façon le crime et la vertu ; en tant, en effet, qu'il veut l'un et l'autre, il est cause tant de l'un que de l'autre ».

à jouer comme prescriptive lorsqu'elle s'accompagne de jugements de valeur (louange ou blâme, mérite ou faute)[25] : il s'agit toujours, comme dans toutes les productions imaginaires, de conférer une signification à un événement qui en est dépourvu et dont on s'empare comme d'un « signe », par l'établissement d'un lien de causalité, en l'occurrence sous la forme de l'imputation d'une responsabilité, soit humaine, soit divine. Ainsi le changement d'état d'Adam est censé manifester, comme un signe, qu'il a péché, et l'adultère ou le meurtre, en tant que ce sont des transgressions manifestes des commandements divins, que l'homme n'est pas seulement cause mais responsable de telles actions.

Le philosophe, lui, part des « œuvres *<opera>*[26] » en tant qu'elles expriment des degrés d'aptitude et, finalement, des modifications de puissance : il sait que tous ne sont pas « également aptes à la perfection la plus haute *<aeque apta esse ad summam perfectionem>* » et que, loin de pouvoir « s'écarter de sa nature *<a sua natura aberrare>*[27] », chacun exprime, dans ses œuvres, autant de réalité qu'il le peut, et qu'il est donc vain d'en exiger « plus *<plus realitatis>*[28] » (ou moins – même si cette implication n'est pas mentionnée).

Seul peut être à proprement parler dit « responsable » celui qui est libre, c'est-à-dire qui agit d'après des idées adéquates et non pas inadéquates, car lui seul sait vraiment (ou suffisamment) ce qu'il fait. Mais la louange, paradoxalement, n'est pas plus fondée que le blâme car le sage, pas plus que le passionné ou la brute épaisse, ne « choisit » entre deux comportements et n'opte pour le plus raisonnable : il est déterminé, tout comme l'ignorant, par des affects et des idées, et il ne saurait agir autrement qu'il ne le fait « à ce moment là *<illo tempore>* » : « pour moi, je m'en abstiens [du crime] ou m'efforce de m'en abstenir parce que le crime répugne expressément à *ma nature singulière* et *m'éloignerait* de l'amour et de la connaissance de Dieu[29] », fait remarquer Spinoza un peu plus loin.

Les natures sont donc, *primo*, singulières, *secundo*, affirmées de manière évolutive : le sage n'est pas celui qui choisit entre deux comportements mais qui est porté, par ses affects, à anticiper par un calcul imaginatif

25 *E*, I, appendice.
26 *L* 19.
27 *Ibid.*
28 *Ibid.*
29 *« Quantum ad me, ea omitto, vel omittere studeo quia expresse cum* mea singulari natura *pugnant meque a Dei amore, et cognitione* aberrare *facerent »* (nous soulignons).

les conséquences qu'auront ses actes sur sa puissance, et surtout, qui sait le faire parce que sa conscience « de lui-même, de Dieu et des choses *<sui, et Dei, et rerum>*[30] » est adéquate. Ce n'est pas de sa propre nature qu'il veille à ne pas s'écarter *<aberrare>*, mais de ce mode d'affirmation, synonyme d'*acquiescentia in se.*

EXEMPLES ET STRATÉGIE ÉTHIQUE

Sur le plan physique

Spinoza remet donc en œuvre dans la *L* 21 la stratégie qui était la sienne lorsqu'il s'agissait d'Adam dans la *L* 19 : mobiliser l'activité proprement imaginative comme auxiliaire de l'entendement pour combattre les idées imaginaires communes – d'après lesquelles l'absence de vision est une perte, soit par rapport à ce que l'individu aurait pu être (si elle est native), soit par rapport à ce qu'il était (si elle est plus tardive) –, le fondement d'une telle illusion résidant dans la double comparaison de l'aveugle avec d'autres ou avec son état passé, d'une part, et la comparaison de sa nature supposée avec une nature supposée commune ou « définition générale *<generalis definitio>* », qui fonctionne comme une norme descriptive et prescriptive fictive, d'autre part.

Là où, à propos d'Adam, Spinoza mobilisait la comparaison apparemment un peu incongrue de la puissance humaine avec celle d'autres espèces, il utilise ici la comparaison imaginative et tout aussi inattendue de l'aveugle avec une pierre : « à ce moment-là, il serait aussi contradictoire que la vision lui appartînt qu'il le serait qu'elle appartînt à la pierre[31] ».

La pierre est définie, comme toute chose, par un certain degré de puissance : en vertu de sa nature singulière (sa composition, sa taille, sa densité, sa structure) un artisan pourra légitimement en attendre certaines caractéristiques : mais certainement pas qu'elle ne puisse se fendre inopportunément sous l'effet d'un coup mal ajusté. Cette conséquence bien connue des sculpteurs ou des tailleurs de pierre est tout entière l'expression de la nature de la pierre : personne ne jugerait qu'en réagissant ainsi elle « s'écarte de sa nature *<a sua natura aberrare>* ». Il en va de même de l'aveugle : sa nature singulière, avec ce qu'elle comporte de caractéristiques communes à tout homme, réagit à certaines causes selon des lois précises

30 *E*, V, 39, sc.

31 *« quia illo tempore non magis sine contradictione illi homini visus, quam lapidi competit »*, *L* 21.

et déterminées qui sont, en langage théologique, l'expression du « décret de Dieu et [de] la nature de ce décret <*Dei decretum, ejusque natura*> ».

Ainsi, « rien n'appartient à cet homme et ne peut être dit sien que ce que l'entendement et la volonté de Dieu lui a accordé <*quoniam ad hominem illum nil amplius pertinet, et suum est, quam id, quod divinus intellectus et voluntas ei tribuit*> », parce que si Dieu est bien cause immanente de la quantité de puissance qui définit sa nature, il n'est pas cause transitive « du non-voir de cet homme <*toa illius non videre*> » ; à partir du moment où une quantité de puissance lui a été dévolue, aucune *autre* quantité de puissance ne peut lui être attribuée, sauf fictivement : « c'est en quoi consiste une négation pure et simple <*id quod mera est negatio*> ». Ce que n'aperçoit pas Blyenbergh, c'est la différence ontologique entre immanence et transitivité qui seule pourrait lui permettre de comprendre que le non-voir « à ce moment-là <*illo tempore*> » est bien tout entier l'expression singulière de l'essence de l'aveugle, mais pas l'expression de son essence tout entière : d'où cette « instantanéité » de l'essence sur laquelle il achoppe.

Pour autant, si elle ne se confond pas avec ses états et n'est pas « instantanée », la nature singulière n'a certainement pas l'immutabilité que l'on confère généralement aux essences : et c'est en ce deuxième sens aussi que personne ne peut « s'écarter de sa nature <*a sua natura aberrare*> ». En effet, les mutations structurantes ou destructurantes peuvent s'enchaîner jusqu'à recouvrir à peu près tous les cas de figures possibles entre l'affirmation la plus grande de l'essence – celle qui l'exprimera avec le plus de puissance – et sa destruction – l'accumulation de mutations destructurantes aboutissant à ce qu'il faut bien appeler une aliénation ou une dénaturation.

En somme – mais nous verrons, au chapitre suivant, si cette hypothèse est corroborée par le texte –, on peut perdre sa nature – subir une destruction corporelle, animique (tel nous semble être le cas de Néron, évoqué par Spinoza *L* 23) ou, à l'instar du poète espagnol[32], intellectuelle – mais non « s'en écarter ». Que nos manières de l'affirmer, particulièrement dans nos œuvres <*opera*>, évoluent, c'est incontestable et commun : mais il y a un point de non retour à la jonction de l'aliénation et de la destruction. Le meurtrier qui n'agit pas par souci de justice, de réparation mais par goût pour le crime en est-il proche ?

32 *E*, IV, 39, sc.

Sur le plan animique

C'est une question que Spinoza aborde dans la lettre suivante, mais pour l'instant, apparemment toujours attentif aux exemples de Blyenbergh, qui avait évoqué l'adultère, il reproduit exactement le même raisonnement pour l'« *homme qui est dominé par un appétit bassement sensuel* <hominis, qui appetitu libidinis ducitur> » que pour l'aveugle :

> *nous affirmons que cet homme est privé d'un appétit meilleur parce que nous croyons que mieux vaudrait pour lui l'appétit de la vertu. Nous ne pouvons juger ainsi quand nous avons égard à la nature du décret et de l'entendement divin* ; *car, relativement à elle, cet appétit meilleur n'appartient pas plus, à l'instant considéré, à la nature de cet homme qu'à celle du diable ou de la pierre.* En ce sens par suite, il y a non point privation d'un désir meilleur mais seulement négation[33].

On le constate aisément, les étapes de la démonstration sont exactement les mêmes que précédemment : la principale nouveauté tient à l'extension à la sphère animique de ce qui valait pour celle des déterminations physiques : nos penchants sont des déterminations comme les autres, qui n'ont de sens moral que « relativement à notre liberté[34] ».

Simplement nous sommes libres, tout en agissant « nécessairement et en vertu d'un décret de Dieu[35] », quand, connaissant sa nature, « nous affirmons quelque chose que nous percevons clairement et distinctement[36] » ; nous ne le sommes plus, ou nous imaginons seulement l'être, quand, ne la connaissant pas, « nous affirmons quelque chose que nous ne concevons pas clairement et distinctement[37] » ; et nous ne le sommes que partiellement, lorsque, alors que « nous nous efforçons de concilier notre volonté avec le décret de Dieu et la création continue, nous confondons ce que nous percevons clairement et distinctement avec ce que nous ne percevons pas de même, de sorte que notre effort reste vain[38] ».

33 « affirmamus, eum hominem meliore appetitu privatum esse, quia tunc isti virtutis appetitum competere judicamus ; quod facere non possumus, si ad naturam Divini decreti, et intellectus attendimus : nam eo respectu melior ille appetitus non magis ad naturam istius hominis eo tempore, quam ad naturam diaboli, vel lapidis pertinet, *et idcirco eo respectu melior appetitus non est privatio, sed negatio* », L 21.

34 *Ibid.*

35 *« necessario, et ex Dei decreto »*, *ibid.*

36 *« affirmamus, quod clare, et distincte percipimus »*, *ibid.*

37 *« quod clare ac distincte non capimus, asserimus »*, *ibid.*

38 *« conamur libertatem nostram cum Dei decreto, et continua creatione conciliare, confundimus id, quod clare et distincte intelligimus, cum eo, quod non percipimus, et propterea frustra id conamur »*,

Cette dernière description, qui formule dans un langage cartésien une idée spinoziste, pourrait bien être un avertissement à l'intention de Blyenbergh, car c'est précisément ce qu'il fait en interprétant une négation comme une privation, ainsi que font « tous ceux qui confondent la nature divine avec l'humaine[39] », lui qui est si soucieux de moralité et de plaire à Dieu : « vous confondez avec les choses que nous imaginons, celles qui sont du ressort de l'entendement[40] », le met pourtant nettement en garde Spinoza.

De fait, l'inefficace relative de la moralité commune, qui ne peut structurer l'individu que par contention, et non transformation, de ses appétits, conséquence d'un savoir mal ou insuffisamment intégré, repose tout entière sur la confusion entre des fins clairement perçues et des causes qui ne le sont pas, fomentant ainsi la fiction du libre arbitre.

Sur le plan moral

Concluant son analyse de la différence entre privation et négation, Spinoza peut revenir à Adam et étendre enfin à la sphère de la moralité ce qu'il vient d'établir au sujet de la production de nos états corporels et animiques :

> On peut dire en somme qu'il y a privation quand un attribut, que nous croyons appartenir à la nature de quelque objet, est nié de cet objet même, négation quand on nie d'un objet ce qui n'appartient pas à sa nature. Par là il apparaît clairement que l'appétit d'Adam pour les choses terrestres était mauvais au regard de notre entendement, non au regard de l'entendement de Dieu. *Bien que Dieu, en effet, eût connaissance de l'état passé d'Adam comme de son état présent, il ne concevait pas pour cela qu'Adam fut privé de son état passé, autrement dit que son état passé appartînt à sa nature présente, car c'eût été concevoir quelque chose de contraire à sa volonté, c'est-à-dire à son propre entendement*[41].

ibid.

39 « *eos omnes, qui divinam naturam cum humana confundunt* », *ibid.*

40 « *res, quae intellectum spectant, cum imaginatione confundere* », *ibid.*

41 « *Adeo ut privatio nihil aliud sit, quam aliquid de re negare, quod judicamus ad suam naturam pertinere, et negatio nil aliud, quam aliquid de re negare, quia ad suam naturam non pertinet. Et hinc liquet, quare Adami appetitus rerum terrenarum nostri, non vero intellectus Dei respectu tantum malus esset.* Licet enim Deus praeteritum et praesentem Adami statum sciret, non idcirco Adamum praeterito statu privatum esse intelligebat, hoc est, praeteritum ad suam naturam pertinere. Nam tunc Deus aliquid contra suam voluntatem, hoc est, contra proprium suum intellectum intelligere », *ibid.*

Ce qui est important dans ce passage, souligné par Spinoza, est la plasticité, le caractère évolutif de l'affirmation de la nature humaine en chaque homme : il est vain de distinguer cette nature, ou essence singulière, du mode d'affirmation qui est le sien au moment <*eo tempore*> où elle s'actualise, autrement dit, il est vain de séparer cette nature de l'exercice actuel des aptitudes qui la définissent.

Si Blyenbergh se trompe en répondant : « suivant votre opinion, n'appartient à l'essence d'une chose que ce qu'au moment considéré on perçoit qui est en elle[42] », c'est autant en rapportant l'essence à ce moment qu'en la réduisant à ce qu'on en perçoit, ou plutôt, faudrait-il dire, à ce qu'on s'imagine en percevoir : plus précisément, substituant l'instant <*momento*>[43] à l'état <*status*>, il omet de rapporter la modification perçue à la puissance structurée dont elle est l'affirmation.

Reste qu'il n'y a pas de coappartenance de « l'état présent » et de « l'état passé d'Adam <*praeteritum et praesentem Adami statum*> » dans la connaissance que Dieu en a, mais seulement pour notre entendement <*respectu nostri intellectus*> en tant qu'il les rapporte à une norme imaginaire ou en tant qu'il les compare de manière imaginative pour saisir leur articulation dans la durée – la continuité de leurs modifications – et anticiper, à partir de là, les suivantes, et en particulier, celles qu'il souhaite ou ne souhaite pas produire[44]. La privation est donc bien « un être de raison, une manière de penser <*ens rationis vel modus cogitandi*> » l'absence ou la carence <*carentia*> produite par une modification : on ne peut pas tout à fait en dire autant de l'enregistrement d'un gain ou d'une amélioration, en revanche, car ceux-ci ont une existence positive.

Si bien que la célèbre proposition « toute détermination est une négation » semble ne valoir absolument que d'un point de vue logique : parmi les déterminations, Spinoza n'accorde pas le même statut ontologique à celles qui, d'un point de vue subjectif, « privent » et celles qui

---

42 *« juxta tuam sententiam, nihil aliud ad essentiam pertinere, quam quod eo momento, quo percipitur, res habet », L 22.*

43 Il est d'ailleurs significatif que pour le désigner, il utilise le terme *« momentum »* et non, comme Spinoza, celui plus large et vague de *« tempus »*.

44 *Cf. L 21* : « pour moi, je m'en abstiens [du crime] ou m'efforce de m'en abstenir <*Quantum ad me, ea omitto, vel omittere studeo*> parce que le crime répugne expressément à *ma nature singulière* <*quia expresse cum* mea singulari natura *pugnant*> *et m'éloignerait de l'amour et de la connaissance de Dieu* <meque a Dei amore, et cognitione aberrare facerent> » (nous soulignons).

« ajoutent », c'est-à-dire à celles qui relèvent objectivement d'un mode d'affirmation d'une essence et celles qui n'en relèvent pas[45].

Ainsi, sans être irrationnelle, la prise en compte de tout changement négatif résulte nécessairement, soit d'une comparaison imaginaire – quand elle met en relation des hommes différents avec une norme fictive ou définition générale <*generalis definitio*> – soit d'une activité imaginative – quand elle s'efforce de reconstituer l'enchaînement causal qui l'a produit. Dieu, en revanche, qui saisit toute chose *sub specie aeternitatis* et n'a pas besoin d'imaginer ce qu'il ne connaît pas, ne se trouve jamais ainsi en position de « *concevoir quelque chose de contraire à sa volonté, c'est-à-dire à son propre entendement* <aliquid contra suam voluntatem, hoc est, contra proprium suum intellectum intelligere> ».

LA *LETTRE* 21

LA DÉMARCHE SPÉCIFIQUE DE SPINOZA

La *L* 21, dense, très développée – à bien des égards moins elliptique que celle qu'il avait précédemment rédigée, qu'il s'agisse pour Spinoza de distinguer privation et négation, de relever un contresens commis à propos de Descartes ou de faire entendre sa conception de la liberté –, attentive aux arguments et aux exemples de Blyenbergh, soucieuse, aussi, de se mettre à sa portée – ainsi Spinoza, conformément au lexique mobilisé par son interlocuteur, met-il en œuvre plusieurs registres de langage, cartésien pour définir la liberté, théologique pour parler de la production divine – contient toutes les précisions dont Blyenbergh, au vu de ses deux premières lettres, avait besoin pour *entendre* Spinoza. S'il a parfois des constats un peu secs – quand il fait remarquer à son interlocuteur ses erreurs déductives – et relève sans ménagement les déformations importantes qu'il a infligées à sa pensée, Spinoza s'y montre un excellent maître, très pédagogue, patient, bienveillant dans la forme et généreux dans le fond.

---

45 Nous sommes tout à fait tributaire, sur ce point, des analyses de P. Macherey dans *Hegel ou Spinoza*, Paris, F. Maspero, 1979.

Pourtant, ce n'est pas suffisant, et non seulement Blyenbergh revient à la charge avec de nouvelles questions et objections (ce qui n'est pas surprenant), mais il le fait sans doute un peu vite : la *L* 21 est datée du 28 janvier 1665, il finit de rédiger la sienne le 19 février, ce qui lui a laissé trois semaines environ pour réfléchir à ce que lui a dit Spinoza et rédiger une réponse. Il a conscience de beaucoup solliciter Spinoza : « Je vous sais le plus grand gré d'avoir pris tant de peine pour composer ces lettres, surtout la deuxième. J'ai mieux saisi votre pensée dans cette dernière lettre que dans la première, et cependant je ne puis y donner mon assentiment, à moins que ne soit levées les difficultés que j'y trouve encore[46] », mais, celui-ci tardant à répondre à ses yeux, il le presse à nouveau par une missive datée du 9 mars, qui a été perdue mais que Spinoza mentionne au début de la *L* 23.

Faut-il déceler quelque ruse dans un tel comportement, ou (ce que nous sommes portée à croire) une impatience caractéristique ? Ses dénégations sonnent peut-être un peu étrangement pour quelqu'un qui a déjà été en butte à la diffamation, à l'incompréhension, à l'exclusion : « si je fais quelques objections, vous ne devez pas le prendre mal. (…) Cela n'a d'autre but que la découverte de la vérité ; il ne s'agit nullement de déformer votre pensée d'une façon contraire à votre intention[47] ».

Néanmoins, Spinoza lui répondra encore, et sans manifester de méfiance particulière. Mieux, il le recevra, et après avoir encore longuement répondu : « Je me bornerai à dire, pour le moment, que j'attendrai votre visite vers la date assignée par vous et que vous serez le bienvenu[48] ». Il paraît donc légitime de penser que les objections de Blyenbergh l'intéressent, et que son jugement est fait sur sa personne. Elles porteront sur des points essentiels : ce qui permet de différencier les œuvres et les natures singulières sur le plan éthique, engageant ainsi une interrogation non seulement sur la définition du bien et du mal, mais sur la question de la responsabilité.

Remarquons toutefois, avant d'aborder ces nouveaux points, que Spinoza aborde la finitude d'abord comme un problème épistémologique, relevant la subjectivité de l'appréhension que nous nous en faisons lorsque nous la pensons ou l'éprouvons comme privation, ensuite comme une

46 *L* 22.
47 *Ibid.*
48 *L* 23.

question métaphysique – pour établir que même comme négation, elle n'a de réalité positive que d'un point de vue logique – puis éthique – elle ne saurait donc être mauvaise en soi. Mais il n'en relève guère les effets psychologiques, ou animiques : tout juste souligne-t-il son caractère imaginaire (et éventuellement imaginatif) en en restituant la genèse. Il ne commente même pas le caractère anthropomorphique du terme de « privation » alors qu'il souligne celui du langage théologique – peut-être parce que c'est un terme technique de la tradition logique, au même titre que « matière », « forme », « composé » etc., de sorte que ce caractère doit lui sembler effacé, usé.

Certes, il montre bien que l'idée de privation <*privatio*> enracine subjectivement le manque <*carentia*> dans l'individu quand la négation <*negatio*> ne résulte que d'un constat logique et ontologique, – notamment à propos de l'aveugle dont on se doute bien qu'il souffre *parce qu*'il se pense privé de vue là où il devrait considérer la positivité de son être propre, en partant de la singularité de sa puissance. Mais il passe curieusement sous silence – sans doute parce que Blyenbergh ne l'a pas interrogé à ce sujet – les innombrables effets psychologiques, affectifs et animiques de la privation : envie, haine pour autrui, apparemment plus favorisé par le sort, peur d'en être soi-même frappé ou atteint face au spectacle de la détresse de l'infortuné, modification du régime animique, de la forme <*forma*> non seulement corporelle mais animique du soi induite par l'irruption d'un handicap irréversible, atteintes renouvelées et permanentes de la confrontation au regard social, psychologique, moral des autres – sachant que dans leur majorité, ils adhèrent à cette idée de privation et l'entérinent dans l'esprit de la personne qui s'en croit victime, redoublant son poids de tristesse et de souffrance, ainsi que Shakespeare a su l'exprimer à propos de Richard III et du vécu de sa difformité.

Freud s'en souviendra, qui montrera au sujet de ce personnage, dans *Quelques types de caractères dégagés par le travail psychanalytique*[49], à quel point le désir de revanche sur un sort contraire et la haine ainsi accumulée peuvent légitimer, aux yeux de l'individu qui s'estime exceptionnellement frappé par le sort, les crimes qu'il commet pour le compenser, le réparer[50] : en somme, le caractère exceptionnel de l'injustice subie peut

49 *OCF*, XV, *GW*, X, *Einige Charaktertypen aus der psychoanalytischen Arbeit.*

50 Nous avons tâché d'aborder ces points dans « Freud et Spinoza : la question du mal dans les *Lettres à Blyenbergh* » in *Spinoza et la psychanalyse*, ss la dir. d'A. Martins et P. Sévérac,

sembler, dans l'esprit tourmenté qui s'efforce de faire de sa souffrance une force, appeler un comportement tout aussi exceptionnel, comme s'il s'agissait d'accompagner, ou de réaliser une destinée.

Or, dans une perspective spinoziste, il est logique de penser qu'à toute modification de la forme <*forma*> corporelle en tant qu'elle définit une constitution <*corporis constitutio*> correspond nécessairement une modification de la complexion psychophysique ou *ingenium*, mais aussi du tempérament proprement animique : ce dernier est réglé par la constitution animique ou mentale <*mentis* ou *animae constitutio*>, dont nous avons fait l'hypothèse, à propos de la *L* 17, qu'elle exprime le rapport et la proportion réglant l'*anima* (la partie de l'âme qui se rapporte au corps) et la partie proprement intellectuelle de l'âme, sachant que ce rapport engage des régimes de passivité ou d'activité différents (imaginaire ou passif, imaginatif, rationnel).

Dans le même ordre d'idées, on peut se demander comment interpréter le déplacement de la discussion opéré par Spinoza, qui répond à l'exemple d'un meurtre envisagé comme acte de priver quelqu'un de *sa* vie par celui d'un handicap natif ou plus tardif : pour avoir déjà maintes fois constaté que les rapprochements apparemment surprenants ne sont jamais chez lui le fait du hasard ou d'un évitement[51], il nous faut considérer que les deux situations ont à ses yeux une valeur ou un sens analogue ; mais de quel point de vue ?

Une première possibilité serait que la perte d'un être affecte ses proches à la manière dont celle de l'usage d'un sens affaiblit l'individu : après tout Spinoza a, peu de temps auparavant, écrit à P. Balling, qui venait de perdre son fils, en tâchant de lui apporter quelque réconfort, et il a pu constater, au vu de la question assez irrationnelle que celui-ci lui posait relativement à la possibilité qu'il ait reçu le présage de la mort de son fils, que ses effets animiques n'étaient pas si différents, pour l'âme de son correspondant, de ceux que peut subir un corps brusquement privé d'une partie de sa puissance. On sait, en outre, que l'étendue et la pensée sont soumises aux mêmes lois[52], et que rien de ce qui affecte le corps ou l'âme ne reste sans corrélat dans l'un ou l'autre : c'est donc une

Paris, Hermann, 2012.

51 Ainsi par exemple le rapprochement de l'acte de répugner à manger, d'être tué par la contrainte physique ou morale exercée sur soi et du suicide en *E*, IV, 20, sc.

52 *E*, II, 7.

hypothèse recevable, moins saugrenue qu'il n'y paraît de prime abord, et qui peut se défendre par la considération de la proximité affective – mieux, essentielle, selon la *L* 17 – qui unit les membres aimants d'une même famille[53] et les vrais amis. Les blessures de l'âme ont d'ailleurs tendance à être plus longues à refermer que celles du corps : de fait, c'est par ses effets proprement animiques que la perte de la vue est le plus redoutable. Spinoza, orphelin de mère à l'âge de 6 ans, de père à l'âge de 22, en deuil de sa communauté et de tous les siens à 25, connaît, quoique sur un mode bien différent de celui qui caractérise Richard III dans la pièce de Shakespeare, la gravité de ces atteintes animiques.

Une deuxième hypothèse interprétative – qui n'exclut nullement la première, même si nous sommes encline à la trouver plus appropriée au texte – consisterait, enfin, à considérer que le meurtre d'un être humain n'a, lorsqu'il est perpétré par un criminel – soit un homme généralement non seulement ignorant *<ignarus>*, peu conscient de sa propre nature, des choses et de Dieu *<inscius>* et de tempérament violent[54], mais à la fois malhonnête *<improbus>* et impie *<impius>* – pas beaucoup plus de sens moral que le bris d'une pierre sous le coup mal ajusté du sculpteur : c'est ce que suggère fortement la comparaison de l'aveugle avec une pierre.

En effet, la perte de la vue est, dans la *L* 21, intellectuellement équidistante des exemples du meurtre, précédemment avancé par Blyenbergh, et de cette même perte infligée à une pierre, qui la suit immédiatement, tout comme le suicide de Sénèque constituait un cas de figure intermédiaire entre la mort provoquée sous la contrainte physique infligée à son propre glaive et celle que s'administre le suicidaire sous l'effet du désespoir dans le scolie d'*E*, IV, 20. Si nous avons raison, c'est dire alors à quel point la conscience de ses actes est insuffisante à constituer une conscience « de soi, de Dieu et des choses *<sui, et Dei, et rerum>*[55] », c'est-à-dire une liberté et la responsabilité correspondante.

53 Définie en un sens non pas biologique mais social et culturel, et surtout psychique (mnémo-affectif).

54 Comme « ceux qui ont un sang épais *<eos, qui tenacem habent sanguinem>* [et] n'imaginent *<imaginari>* que des rixes, des sévices, des meurtres et autres choses semblables », ainsi que le formule la *L* 17.

55 *E*, V, 39, sc.

LE TRAGIQUE ET LE TERRIBLE

Appliquée à l'histoire, cette équivalence de nature affirmée à propos d'exemples qui ne se distinguent que par les degrés qui séparent et relient à la fois l'absence et la présence de conscience comme d'intentionnalité, signifierait, ou impliquerait, qu'il n'y a peut-être pas grande différence, sinon d'un point de vue subjectif, entre le tragique et l'inacceptable ou le terrible : en nous inspirant librement de l'usage et de la signification que leur confèrent Paul Ricœur[56] ou Myriam Revault d'Allonnes[57], nous les définirons schématiquement comme la souffrance et la mort, infligées à plus ou moins grande échelle à des êtres humains, soit par la nature, soit par d'autres êtres humains[58].

Mais ce n'est alors que de ce point de vue imaginaire ou imaginatif que vient d'analyser Spinoza que leur distinction a un sens : le terrible, en particulier, semble mettre l'intelligence au défi, tant il est difficile de concevoir que la souffrance et la mort puissent être infligées par une volonté libre au sens spinozien du terme. Un regard suffit pour constater que seules des situations de violence fondamentale, où l'urgence de se protéger et de résister physiquement et/ou politiquement à l'expansion d'une agression, peuvent les légitimer : encore l'idée même entraîne-t-elle les plus vives répugnances et réserves, car il s'agit dans ce cas de se protéger d'un mal pire par un mal moindre, ce qui est rationnel mais suppose souvent de faire, par calcul imaginatif, un pari sur l'avenir[59].

Il apparaît en particulier que les crimes contre l'humanité, dont les formes les plus terribles et inacceptables sont sans doutes les crimes de masse perpétrés par des masses, ne sauraient en aucun cas être qualifiés d'actes libres : la causalité qu'ils mettent en œuvre est à la fois externe et contraire à notre nature, elle ne diffère donc pas fondamentalement de celle qui déclenche un séisme ou une épidémie. Ce qui la rend si terrible est qu'elle s'accompagne de conscience et semble donc plus évitable : c'est donc la question des remèdes aux désordres de masse, à

---

56 Dans « Devant l'inacceptable : le juge, l'historien, l'écrivain » in *Philosophie*, numéro 67, 1er septembre 2000, *La philosophie devant la Shoah*, Paris, éd. de Minuit.

57 Dans « Peut-on élaborer le terrible ? » in *Philosophie*, numéro 67, *La philosophie devant la Shoah*, *op. cit.*

58 On voit que l'invention de la tragédie est en fait celle d'une mise en scène du terrible, comme si les auteurs grecs de l'antiquité avaient pensé, ou pressenti, l'identité des lois de la nature et la fatalité.

59 *E*, IV, 66.

la folie collective, à la sauvagerie que pose la considération du mal dans une perspective historique.

Mais ils seront essentiellement prophylactiques, car, par définition, le terrible, l'inacceptable sont proprement irréparables : le tragique se dépasse, l'*Éthique* tout entière nous apprend les règles de sa résorption, en tant qu'idée inadéquate, dans la complétude de la vérité. Le terrible, lui, ne peut que se prévenir : il s'agit de lutter contre ce qui n'est pas encore, de manière à ce qu'il ne soit jamais. On se demandera donc quelles préconisations tirer à cet effet des analyses spinoziennes.

Reste que, s'il ne les mentionne pas dans la *L* 21, Spinoza *pense* les effets animiques – et finalement intellectuels et éthiques – de ce qui n'a pas d'essence ou d'être positif : en témoigne son refus de méditer sur la mort[60] et, de manière générale, toute la stratégie convoquée en *E*, IV pour « chasser la mélancolie <*melancholiam expellere*>[61] » ou lutter contre l'ingratitude, l'aveuglement et l'insoumission (qui n'expriment aucune essence), et favoriser les affects joyeux et actifs qui découlent de la mise en œuvre de notre pouvoir causal propre. Il va néanmoins être amené à les commenter en abordant, sous l'effet des interrogations de Blyenbergh, la question du crime, et en élaborant l'un des plus extraordinaires paradigmes du juste et de l'injuste, sous l'espèce des figures opposées d'Oreste et de Néron, tous deux auteurs d'un matricide.

---

60 Ainsi que le formule Ch. Jaquet : « La mort est l'une des pires choses qui puissent advenir à l'homme, car elle supprime toute possibilité d'être affecté. La peur de la mort n'est donc pas vaine, mais nécessaire, car nul ne peut se résoudre de gaieté de cœur à se voir détruit. Le sage spinoziste, par conséquent, ne tremble pas devant la mort, mais il frissonne quelque peu. Pour combattre cet affect mauvais qui précipite ce qu'il veut éviter, il ne faut pas méditer sur la finitude nécessaire, car jamais tristesse ne chassera la mélancolie. La spéculation sur un mal est un mal et s'accompagne toujours d'idées inadéquates », « Le mal de mort chez Spinoza (et pourquoi il n'y faut point songer) » in *Fortitude et servitude. Lectures de l'*Éthique *IV de Spinoza*, *op. cit.*, p. 161. Nous souscrivons sans réserve à cette conclusion, dans la mesure où, ainsi que le montre parfaitement l'auteur, la mort est le seul mal irrémédiable que la compréhension de ses causes ne nous permet pas d'éviter.

61 45, sc. 2.

LE CRIME OU LA QUESTION DE LA RESPONSABILITÉ

LA QUESTION DES CRITÈRES ÉTHIQUES

L'INCOMPRÉHENSION DE BLYENBERGH

La *L* 22, écrite par Blyenbergh en réponse à la longue missive explicative et, pourrait-on dire pédagogique et didactique, que Spinoza a rédigée à son intention, témoigne d'une profonde incompréhension : même le ton presque polémique que Blyenbergh y adopte parfois manifeste une force de conviction qui serait risible, pitoyable ou agaçante – selon le tempérament du lecteur[1] – si elle ne témoignait pas de la difficulté que représente pour lui le changement complet de perspective que Spinoza l'engage à opérer.

De fait, il s'exprime sans fard, avec une sincérité, presque une naïveté, qui trouvent certainement un écho mémoriel dans le lecteur de Spinoza se souvenant, même vaguement ou confusément, de l'effet déflagrateur que produit la découverte de sa pensée sur les sentences de la morale commune (et c'est probablement cette dimension qui a convaincu Spinoza de poursuivre si longtemps la discussion avec lui malgré leurs divergences de plus en plus fortes et visibles). Mais là où, conjointement, la vérité devrait se faire jour et s'éprouver, c'est l'incompréhension la plus complète que manifeste Blyenbergh :

1 On aura reconnu les attitudes du satiriste, du mélancolique et du moraliste dont Spinoza montre, au § 1 du *TP*, qu'elles n'expriment pas tant des pensées que des réactions animiques ou, pour le formuler plus précisément, qu'elles engendrent des pensées imaginaires représentant et justifiant leurs propres affects plutôt que des pensées rationnelles cernant objectivement une réalité externe (en l'occurrence, la nature humaine en tant qu'elle est l'objet d'une réflexion politique).

> Et je ne comprends pas ce qu'est pour vous la vertu ou une loi de vertu ; je ne conçois pas davantage ce que vous dîtes que nous devons agir par amour de la vertu. Vous dîtes, il est vrai, que vous vous abstenez de crimes et de vices parce que les crimes et les vices répugnent à votre nature et vous éloignent de la connaissance et de l'amour de Dieu ; mais je ne trouve dans tous vos écrits aucune règle qui prescrive cette manière d'agir et qui la justifie. Il m'apparaît, excusez-moi de le dire, que c'est le contraire qui en découle[2].

De fait, Blyenbergh, qui interrogeait d'abord Spinoza sur la relation de « dépendance *<a Deo dependentem facere>*[3] », c'est-à-dire de détermination, qui existe entre Dieu et les actions des hommes, a bien saisi qu'elle était universelle.

Mais, en quête de critères objectifs de différenciation du bon et du mauvais, n'ayant reçu de la part de Spinoza, au sujet du mal, qu'une réponse établissant qu'il n'a de réalité que négative, il est logique qu'il s'enquière à présent de la nature de la vertu. La manière dont Spinoza lui a affirmé que la décision d'Adam, considérée en soi seule *<in se sola considerata>*[4], ne contenait nulle imperfection semble avoir pour conséquence, à ses yeux, un nivellement insoutenable des valeurs morales et il interpelle assez vivement Spinoza là-dessus : « vous m'excuserez de vous demander si l'homme qui tue son semblable plaît à Dieu autant que le distributeur d'aumônes ? Si l'acte de commettre un vol vaut au regard de Dieu un acte juste[5] ? » et, plus loin : « si, en cas qu'il y ait une âme à la nature singulière de laquelle convinssent la quête des plaisirs et les actes criminels au lieu de lui répugner, (...), il existe un argument qui puisse déterminer un pareil être à agir vertueusement et à s'abstenir du mal[6] ? ».

Cette dernière question est particulièrement intéressante, car Blyenbergh s'y efforce manifestement d'adopter la perspective spinozienne : il ne demande pas, par exemple, si un tel être est dénaturé, ou

2 *« Et, quid tibi virtus, vel lex virtutis sit, non capio ; ideo etiam, quod asseris, nos ex amore virtutis debere operari, non intelligo. Dicis quidem, te scelera, et vitia omittere, quia ea cum singulari tua natura pugnant, et te ab divina cognitione et amore seducunt ; verum nullam horum in omnibus tuis scriptis invenio vel regulam, vel probationem. Quin excusa me, si contrarium ex illis sequi dicam ».*

3 *L* 20.

4 *L* 19.

5 *« tu quaerenti, an occidere Deo aeque placeat, ac eleëmosynas largiri ? an furtum committere, Dei respectu, aeque bonum sit, ac justum esse ? »*, *L* 22.

6 *« si daretur animus, cum cujus singulari natura non pugnaret ; sed conveniret voluptates, sceleraque patrare, (...), ratio virtutis sit, quae ipsum ad virtutem praestandam malumque omittendum moveret ? »*, *ibid.*

s'il existe pour lui une rédemption possible, ce qui revient à évacuer de fait, d'une part, l'idée d'une nature imparfaite, ou rendue moins parfaite par rapport à un état antérieur, d'autre part, l'idée de faute ou de péché –, il retient en cela la double leçon administrée à propos d'Adam et de l'aveugle.

Il ne demande pas non plus simplement si un tel être existe, ou peut exister (ce qui reviendrait à interroger Spinoza sur l'existence du « diable » ou d'une entité satanique) : bien qu'il évoque simplement « une âme <*animus*> », s'il s'agit d'une âme *humaine*, il connaît la réponse, puisque Spinoza a bien précisé que les méchants <*impii*>, s'ils « servaient » Dieu au même titre que les bons, le faisaient à leur insu, et en se détruisant ou se consumant <*quod inscium servit, et serviendo consumitur*>[7]. Il paraît donc à la fois plus que douteux que se détruire convienne <*convenire*> à leur nature, et évident que s'ils s'imaginent agir d'une manière qui lui convient, ils se trompent : Blyenbergh doit s'en souvenir puisqu'il ne formule pas cette question, mais préfère poser l'existence hypothétique d'une telle âme <*animus*>.

Mais pourquoi soulever une question qui contrevient, dans ses prémisses, à ce que lui a expliqué Spinoza, si ce n'est peut-être pour tâcher de faire jouer contre lui, de manière artificielle, la perspective qui est la sienne ? On est d'autant plus frappé de l'artifice constitué par cette question que, jusqu'à présent, les termes utilisés par les deux interlocuteurs pour désigner ou qualifier les « méchants » étaient : *« improbus »*, *« impius »* et *« inscius »*. Si la question de leur rédemption ou de la réforme de leur conduite peut être posée, est-ce vraiment en termes d'argument <*ratio*> susceptible de les pousser <*movere*> à agir vertueusement <*ad virtutem praestandam*> ?

Blyenbergh, apparemment grand lecteur de la Bible, sait bien que le Christ et les prophètes usent de paraboles qui touchent l'âme – d'ailleurs désignée par lui comme *« animus »* – plutôt qu'elles ne convainquent l'intellect. Si ce que veut Blyenbergh, c'est une plus ample justification, par Spinoza, de sa doctrine et de ses vues, il peut la demander directement (et ne s'en prive pas par ailleurs) : alors pourquoi, *primo*, radicaliser la figure du méchant, voire la diaboliser en lui conférant des proportions qui ont pourtant été d'emblée récusées par Spinoza (dès sa première lettre), *secundo*, lui demander de produire un argument <*ratio*> à lui adresser, dans le contexte théorique d'une tentative pour le convertir à la vertu ?

7 *L* 19.

On peut certes y voir une ruse, une manœuvre destinée à embarrasser Spinoza en le mettant d'emblée en contradiction avec ses propres positions : cela paraît à la fois vain et bien maladroit. Mais il est également possible que Blyenbergh, contrairement à Spinoza, pense, lui, que « les plaisirs et les actes criminels <*voluptates, sceleraque patrare*> » conviennent à la nature singulière de certaines âmes et leur permettent de prospérer plutôt qu'ils ne les conduisent, en cette vie si ce n'est au-delà, à la destruction <*consumitur*> : cela concorde bien, du moins, avec ses préoccupations concernant le mal et ses affirmations répétées qu'il consiste en certains actes positifs (dont le point commun est la transgression d'un interdit ou commandement divin, qu'il s'agisse de manger le fruit de l'arbre de la connaissance du bien et du mal, de perpétrer vol et adultère, ou de commettre un meurtre).

Donc, en réalité, ce qu'il peut espérer provoquer par une telle question c'est, logiquement, soit une réitération de l'affirmation que les méchants se détruisent (elle sera nette et sans appel), éventuellement accompagnée de la démonstration qu'une nature singulière à laquelle le crime convient ne peut exister, soit, si Spinoza accède à sa demande telle quelle est posée, une argumentation particulièrement éloquente ou puissante en faveur de la vertu : mais comme elle lui sera alors adressée, à lui, Blyenbergh, il faut en conclure, soit qu'il veut juger sur pièces quelque chose comme une synthèse ou un résumé de l'éthique spinozienne, telle qu'il aurait amené Spinoza à la produire sous la forme d'un prêche ou d'un sermon, soit qu'il souhaite lui-même être convaincu, les deux hypothèses ne s'excluant pas l'une l'autre, mais impliquant de faire de l'efficacité démonstrative ou persuasive la norme du vrai, voire de la piété ou de la foi (valeur qui prime apparemment sur toutes les autres à ses yeux, ainsi que nous l'avons déjà vu).

La manœuvre impliquée par le double artifice de sa demande – *primo*, radicaliser la figure du méchant, *secundo*, solliciter un prêche philosophique – semble donc pouvoir révéler une inquiétude morale plutôt qu'une ruse malintentionnée[8] ; elle pourrait bien, aussi, être

8 À cela s'ajoute, comme le fait remarquer M. Rovere, que Blyenbergh « ignore les usages de la République des Lettres » ; nous souscrivons, de même, au constat qu'« il est presque impossible, dans les longues lettres qu'il adresse à Spinoza, de démêler la fausse naïveté de la réelle perplexité », *Spinoza. Correspondance*, *op. cit.*, p. 34.

> si les œuvres des gens de bien (c'est-à-dire ceux qui ont de Dieu une idée claire et règlent sur elle toutes leurs actions et toutes leurs pensées), celles des méchants (c'est-à-dire de ceux qui n'ont pas l'idée de Dieu mais seulement les idées des choses terrestres et règlent sur elles leurs actes et leurs pensées) et enfin les œuvres de tous les êtres existants découlent nécessairement des lois éternelles et des décrets de Dieu et sont suspendues à lui, toutefois elles diffèrent les unes des autres non seulement en degré, mais par leur essence. Bien qu'en effet un rat aussi bien qu'un ange, la tristesse comme la joie, dépendent de Dieu, un rat ne peut cependant pas être une espèce d'ange non plus que la tristesse une espèce de joie[16].

À première vue, il s'agit simplement ici de rappeler que l'immanence des critères éthiques n'est pas synonyme d'indistinction, bien au contraire, et l'exemple de la différence de nature départageant nettement le rat et l'ange semble aller dans ce sens : quelle que soit la relative similarité de leur forme extérieure <*externam figuram*>, d'un point de vue éthique, les hommes différeraient autant en nature que ces deux êtres, même si chacun possède, considéré en soi seul, sa propre perfection.

De nouveau, Spinoza sollicite chez son interlocuteur un régime actif (imaginatif) de l'imagination pour combattre le préjugé engendré par son usage passif (imaginaire). Mais si le contraste entre le rat et l'ange lui permet de souligner la *réalité* et l'importance des distinctions existant entre « les œuvres des gens de bien <*opera proborum*> », « celles des méchants <*et improborum*> » et celles « de tous les êtres existants <*et denique omnium eorum, quae sunt*> », l'exemple de la tristesse <*tristitia*> et de la joie <*laetitia*> le nuance en illustrant quelle est la *nature* de ces distinctions, puisqu'en effet, un seul et même individu peut passer de l'une à l'autre : de même qu'une même nature singulière connaît une multitude de variations d'états selon qu'elle réfracte plutôt la puissance des causes externes ou exprime plutôt sa propre puissance causale, de même, une seule et même œuvre ou action, selon qu'elle procède d'une

---

anthropomorphique du langage théologique et de la représentation inadéquate de Dieu qu'il contribue à produire et à promouvoir.

16 *« quamvis opera proborum (hoc est, eorum, qui claram Dei habent ideam, ad quam cuncta eorum opera, ut et cogitationes determinantur), et improborum (hoc est, eorum, qui Dei ideam haud possident, sed tantum rerum terrenarum ideas, ad quas eorum opera, cogitationesque determinantur) et denique omnium eorum, quae sunt ex Dei aeternis legibus, et Decretis necessario profluant, continuoque a Deo dependeant, attamen non solum gradibus ; sed et essentia ab invicem differunt : licet etenim mus aeque, ac angelus, et aeque Tristitia, ac Laetitia, a Deo dependeant, nequit tamen mus species angeli, et Tristitia species Laetitiae esse »,* L 23.

idée adéquate ou inadéquate, est davantage l'effet de ces mêmes causes externes ou de la causalité singulière de l'individu (point que nous avons déjà mentionné à propos de l'exemple de « l'action de frapper *<verberandi actio>* », mobilisé dans le scolie d'*E*, IV, 59).

Par extension, la même essence singulière, selon que son affirmation sera davantage contrariée ou favorisée par les causes externes, selon, aussi, que l'individu aura tendance à échouer ou à réussir à développer ses aptitudes propres, pourra, au cours d'une vie, être portée à la malhonnêteté *<improbus>* ou à la probité *<probus>*, voire passer de l'une à l'autre (quoique moins rapidement sans doute que de la tristesse à la joie).

Aussi éloignés l'un de l'autre que puissent être deux individus de la même espèce, par conséquent, – au point que leurs dissemblances semblent quantitativement et qualitativement plus importantes que leurs ressemblances : ainsi, de l'enfant *<infans>* et de l'adulte *<adultus>* accompli, de l'ivrogne *<ebrius>* et du philosophe *<philosophus>* – ils seront néanmoins beaucoup plus proches, et susceptibles d'entretenir des rapports de convenance, que deux individus appartenant à des espèces différentes, tels le plus accompli des rats et le plus impuissant des anges, si nous pouvons nous permettre d'utiliser à notre tour cette comparaison.

THÉOLOGIE ET PHILOSOPHIE

Juste avant ce passage, revenant sur la différence fondamentale qui sépare la théologie et la philosophie, Spinoza a eu recours au même type de rapprochement imaginatif :

> puisqu'en effet la théologie *représente* Dieu, fréquemment et [non sans motif][17], comme un homme parfait, il y a lieu en théologie de dire que Dieu a des désirs, que les œuvres des méchants l'affligent et que celles des gens de bien lui donnent de la joie ; mais en philosophie, sitôt que *nous avons perçu clairement* qu'il est tout aussi inadmissible de conférer à Dieu les qualités pouvant rendre un homme parfait que d'attribuer à l'homme les caractères propres à un éléphant ou à un âne, ces manières de dire et toutes celles qui leur ressemblent ne conviennent plus et *nous ne pouvons les employer [sans faire tomber nos conceptions dans la plus grande confusion]*[18].

17 Ou, comme le traduit Ch. Appuhn, « sans inadvertance ».

18 *« Nam, quia Theologia Deum passim, nec temere, ut hominem perfectum* repraesentat, *propterea oportunum est, ut in Theologia dicatur Deum quicquam cupere, Deum taedio operibus improborum affici, et proborum delectari ; in Philosophia vero, ubi* clare percipimus, *quod Deo illa attributa, quae hominem perfectum reddunt, tam aegre possunt tribui, et adsignari quam si ea,*

Le latin *« nec ibi sine nostrorum conceptuum summa confusione ea usurpare licet »* est plus sévère que la traduction de Ch. Appuhn, « sans tomber dans la plus grande confusion ». Littéralement, « il n'est pas permis d'usurper » de semblables « manières de dire *<similia verba>* », et l'opposition de la philosophie, qui *perçoit clairement <clare percipimus>* l'inadéquation d'un tel langage, et de la théologie, qui *représente <repraesentat>* Dieu en l'utilisant, est très proche de l'opposition qui structure le scolie d'*E*, V, 39 entre celui qui « a une Âme qui, *considérée en elle seule* <in se sola considerata> a grandement conscience *<multum (…) sit conscia>* d'elle-même et de Dieu et des choses[19] » et celui, « qui, comme un enfant *<infans>* ou un jeune garçon *<puer>* (…) a une Âme qui, *considérée en elle seule* <in se sola considerata>, n'a presque aucune conscience *<nihil fere (…) sit conscia>* d'elle-même ni de Dieu ni des choses[20] ».

Jusqu'ici, le reste de ce passage, qui part de l'opposition entre « un Corps aux très nombreuses aptitudes » et « un Corps possédant un très petit nombre d'aptitudes », nous incitait à comprendre la précision « considérée en elle-seule *<in se sola considerata>* » comme une invitation à mesurer les aptitudes et la puissance de chaque âme indépendamment de sa relation au corps (ce qui était un peu paradoxal, étant donné que le scolie tout entier insiste sur la corrélation existant entre la puissance de l'âme et celle du corps, mais logique, puisque la partie de l'âme qui ne se réfère pas au corps est celle, rationnelle, qui est constituée d'idées adéquates, que nous désignons par « intellect »).

Dans la perspective de la correspondance avec Blyenbergh, elle prend une tout autre signification : elle semble inviter à écarter toute comparaison imaginaire (passive et spontanée, comme toutes celles dont procède l'opinion commune) avec l'âme d'autres individus, soit d'une même espèce, soit d'une autre. En effet, par rapport à l'âme d'autres adultes, celui qui est peu conscient de lui-même est peut-être dans la norme (et donc ne pas sembler si démuni ou inconscient que Spinoza l'affirme), tandis que par rapport à un enfant, petit *<infans>* ou grand *<puer>*, il paraît généralement incomparablement plus développé et conscient, ne serait-ce que « des réalités de la vie », comme on se plaît

quae elephantum, asinumve perficiunt, homini tribuerimus, Ibi haec, et his similia verba nullum obtinent locum, nec ibi sine nostrorum conceptuum summa confusione ea usurpare licet », L 23 (nous soulignons).

19 Nous soulignons.

20 Nous soulignons.

à le dire. Inversement, celui qui l'est « grandement <*multum*>[21] » ou « au plus haut point <*plurimum*>[22] », comparé à un « homme parfait <*hominem perfectum*> » ou à « un ange <*angelus*> », peut paraître bien éloigné, encore, de la perfection.

Spinoza, par conséquent, en assimilant l'adulte peu conscient à un enfant et en l'opposant absolument[23] au sage, prend là encore à rebours le régime passif de l'imagination sédimenté dans les lieux communs, les clichés, les stéréotypes, et sollicite au contraire son usage actif, imaginatif, sous l'espèce de comparaisons originales.

Si nous revenons à présent au passage de la *L* 23 que nous avons cité en ayant ces éléments à l'esprit, nous nous apercevons alors qu'en réalité la critique de la théologie y est fort vive et que, bien qu'il se garde de nommer le théologien et le philosophe pour ne distinguer que les disciplines, Spinoza n'est pas loin d'affirmer qu'il y a entre eux, sur le plan épistémologique et gnoséologique, une différence qualitative aussi grande que celle qui sépare le méchant <*improbus*> et l'homme de bien <*probus*> sur le plan éthique, ou l'ignorant <*ignarus*> et le sage <*sapiens*> sur les deux plans à la fois : une différence si importante que, bien que tous deux relèvent bien d'une même nature spécifique, ils l'expriment de manière diamétralement opposée.

Or, qu'affirme, en substance, Spinoza ? Sans ambages, que le théologien, en représentant <*repraesentat*> « Dieu, fréquemment et [non sans motif][24], comme un homme parfait <*Deum passim, nec temere, ut hominem perfectum*> », le conçoit aussi confusément <*conceptuum summa confusione*> que s'il attribuait <*tribuerimus*> « à l'homme les caractères propres à un éléphant ou à un âne <*quam si ea, quae elephantum, asinumve perficiunt, homini*> ». Certes, Spinoza ajoute qu'en théologie, cet usage est « opportun <*propterea oportunum est*> », – en référence sans doute à la *L* 19 où il précisait : « convenant au vulgaire auquel il est destiné <*plebi praecipue convenit*> » –, la charge est tout de même assez virulente, à la hauteur du moins de la surdité de Blyenbergh qui, depuis le début de leur correspondance, ne saisit pas l'importance et les implications de telles remarques.

21 *E*, V, 39, sc.
22 *Ibidem.*
23 D'un point de vue pris sous l'espèce de l'éternité, et non de la durée ou de la temporalité, en cela qu'il exclut la relativité habituelle des comparaisons.
24 Ou, selon la traduction de Ch. Appuhn, « sans inadvertance ».

Nous avons ici l'occasion de souligner, à propos des *repraesentamina*[25] mentionnés dans le *TRE* et le *TTP*, la rareté, sous la plume de Spinoza, des vocables relatifs à la représentation : c'est, selon notre hypothèse, parce qu'elle est représentance animique d'événements corporels avant d'être représentation d'objets extérieurs : aussi Spinoza assimile-t-il les *repraesentamina* à « de pures ombres <*merae umbrae*>[26] » qui, même quand elles sont les représentantes de « quelque bien <*alicujus boni*>[27] », ne peuvent « être compté[es] parmi les actions <*inter actiones*> qui sont comme les fruits ou les rejetons de l'entendement et d'une pensée saine <*quasi proles aut fructus intellectus et sanae menti*>[28] ». Cette expression de « *sanae menti* », qui désigne plus littéralement une « âme saine » semble indiquer que la robustesse ou la santé de l'âme se conquiert lorsqu'elle échappe à ce régime passif de l'imagination ou de la représentance pour être véritablement en prise avec la réalité.

En se contentant d'utiliser des représentations, certes adaptées aux gens simples et ignorants auxquels il s'adresse, le théologien ne sollicite pas l'activité de leur esprit, mais s'appuie sur le régime animique commun : son éloquence, même quand elle les utilise pour les inciter à la justice et à la charité, va dans le sens des comparaisons imaginaires et tend à renforcer, par conséquent, l'emprise qu'elles ont sur l'esprit lorsqu'elles se sédimentent sous forme de lieux-communs. Ce qui revient à dire qu'à travers elles, c'est une corrélation psychophysique qui va du corps à l'âme qu'il favorise, et non l'inverse, autrement dit, la soumission à la puissance des causes externes plutôt que la stimulation de la puissance causale propre des individus.

Dans la mesure où il doit logiquement partager, à un moindre degré, certaines des caractéristiques du prophète, nous pouvons supposer que le régime proprement imaginatif qui caractérise le théologien le rend apte à la communication avec la foule et à la compréhension des hommes du peuple, même s'il n'est peut-être pas toujours doté de la même moralité exceptionnelle. Cependant, s'il est suffisant, en tant que régime animique actif, pour l'engager sincèrement sur une voie indiquant quels sont effectivement « ces moyens de salut qui ne sont

25 *TRE*, § 63, note b et § 66, p. 104-105, *TTP*, IV, § 6, p. 190-191.

26 *TTP*, chap. IV, § 6, p. 190-191.

27 *Ibidem*.

28 *Ibid*.

rien que des causes <*media, quae nil nisi causae sunt*>[29] », en transcrivant ceux-ci « sous la forme de lois <*et ad modum Legum conscripserunt*>[30] », il ne souscrit que partiellement au programme décrit dans le scolie d'*E*, V, 39, à savoir, faire effort <*conamur*>

> avant tout pour que le Corps de l'enfance se change, (...), en un autre ayant un très grand nombre d'aptitudes et se rapportant à une Âme consciente au plus haut point d'elle-même et de Dieu et des choses, *et telle que tout ce qui se rapporte à sa mémoire ou son imagination soit presque insignifiant relativement à l'entendement*[31].

Le développement quantitatif et qualitatif des aptitudes du corps passe, fondamentalement, par l'éducation et l'exercice de l'esprit <*mens*> : les théologiens structurent la puissance individuelle en la soumettant à des lois, mais ils préfèrent, si du moins on en croît les réactions et les valeurs de Blyenbergh, la soumission et la docilité aux lois, soit une liberté qui n'est qu'extérieure, à l'émancipation de la pensée : non que les deux s'excluent (c'est évidemment l'inverse), mais alors, ils ne pourraient plus la contrôler.

Ils procèdent à l'éducation de la multitude, non des individus : précepteurs et tuteurs de masses qu'il est nécessaire de moraliser pour éviter leurs débordements[32], ils jouent, ainsi que l'a souligné H. Laux[33], un rôle intégrateur important, particulièrement auprès des plus défavorisés et démunis. Mais si aucune institution autre que religieuse ne vient les relayer auprès des enfants, ils cadenassent également leur esprit <*mens*> dans un régime animique inapproprié à la pleine expression de la causalité humaine[34].

29 *L* 19.

30 *Ibid.*

31 « *igitur apprime conamur, ut Corpus infantiae in aliud, (...), mutetur, quod ad plurima aptum sit, quodque ad Mentem referatur, quae sui, et Dei, et rerum plurimum sit conscia ;* atque ita ut id omne, quod ad ipsius memoriam, vel imaginationem refertur, in respectu ad intellectum vix alicujus sit momenti » (nous soulignons).

32 C'est ce qu'énonce explicitement le scolie d'*E*, IV, 54 à propos de l'utilisation par les prophètes « pourvoyant à l'utilité commune, non à celle de quelques-uns <*Prophetae, qui non paucorum, sed communi utilitati consuluerunt*> » de « l'Humilité <*Humilitatem*> », du « Repentir <*Poenitentiam*> » et du « Respect <*Reverentiam*> » : « Si en effet les hommes impuissants intérieurement étaient tous pareillement orgueilleux <*si homines animo impotentes aeque omnes superbirent*>, s'ils n'avaient honte de rien et ne craignaient rien <*nullus rei ipsos puderet, nec ipsi quicquam metuerent*>, comment pourraient-ils être maintenus unis et disciplinés <*qui vinculis conjugi, constringique possent*> ? La foule est terrible quand elle est sans crainte <*terret vulgus, nisi metuat*> ».

33 *Imagination et religion chez Spinoza. La* potentia *dans l'histoire*, Paris, Vrin, 1993.

34 Ce que montre, en particulier, l'explication de la déf. XXVII d'*E*, III.

ŒUVRES, APPÉTITS ET DÉSIRS

C'est ce régime imaginaire commun que Spinoza contrarie, entre autres dans la *L* 23 : dans le passage que nous avons cité un peu plus haut, non seulement l'exemple contrasté du « rat » et de « l'ange » rappelle la réalité et l'importance objectives des distinctions éthiques, mais le propos met en place une gradation des actions : les œuvres des « méchants *<opera improborum>* » tiennent le milieu entre celles des « gens de bien *<opera proborum>* » et celles « de tous les êtres existants *<et denique omnium eorum, quae sunt>* », c'est-à-dire des autres espèces, de même que les somnambules *<somnambuli>* constituent un degré intermédiaire de passivité animique entre les « bêtes » et les êtres humains bien éveillés mais soumis aux causes externes, tels « le délirant, la bavarde, l'enfant *<delirans, garrula, puer>* » et autres gens « de même farine *<et hujus farinae>* », dans le scolie d'*E*, III, 2.

Cependant, là encore, les précisions apportées entre parenthèses leur apportent une inflexion que l'on ne retrouve que sous forme d'allusion dans l'*E*, et qui paraît, à première vue, adaptée à la culture religieuse à laquelle l'esprit de Blyenbergh est habitué. En effet, si la définition des « gens de bien *<probi>* » comme « ceux qui ont de Dieu une idée claire et règlent sur elle toutes leurs actions et toutes leurs pensées *<eorum, qui claram Dei habent ideam, ad quam cuncta eorum opera, ut et cogitationes determinantur>* » est une transposition, dans un langage mi-théologique, mi-cartésien qui correspond à celui de la moralité commune, de la définition de la conscience *<conscius>* « de soi, de Dieu et des choses *<sui, et Dei, et rerum>*[35] », celle des « méchants *<improbi>* » ne se contente pas, comme Spinoza le fait dans l'*E* à propos du petit enfant *<infans>*[36], d'indiquer leur très faible degré de conscience ou l'inadéquation et la confusion de leurs idées.

En précisant à leur sujet : « c'est-à-dire de ceux qui n'ont pas l'idée de Dieu mais seulement les idées des choses terrestres et règlent sur elles leurs actes et leurs pensées *<hoc est, eorum, qui Dei ideam haud possident, sed tantum rerum terrenarum ideas, ad quas eorum opera, cogitationesque determinantur>* », Spinoza réitère une idée déjà affirmée *L* 21, lorsqu'il évoquait « la nature d'un homme qui est dominé par un appétit bassement sensuel

35 *E*, V, 39, sc.
36 *Ibidem.*

<*naturam hominis, qui appetitu libidinis ducitur*> » et la comparaison d'un tel appétit « à celui qui se trouve dans les hommes de bien <*cum eo, qui in probis est*> » ou « appétit de la vertu <*virtutis appetitum*>[37] », puis, peu après, « l'appétit d'Adam pour les choses terrestres <*Adami appetitus rerum terrenarum*>[38] ».

On peut d'ailleurs considérer que c'est à un tel genre d'appétits qu'il fait allusion dans l'*E* en disant d'Adam qu'« ayant cru les bêtes semblables à lui, il a commencé tout aussitôt d'imiter leurs affects[39] » : imiter des affects bestiaux, c'est effectivement, dans le langage métaphorique courant, être conduit par un « appétit bassement sensuel <*appetitu libidinis*> » ou tourné vers « les choses terrestres <*rerum terrenarum* >[40] ».

Nous pouvons nous interroger, néanmoins, sur le mécanisme qui, d'après Spinoza, a successivement conduit Adam, après avoir formé quelque « concept de chose bonne ou mauvaise[41] », *primo* « à craindre la mort plutôt que désirer vivre[42] », *secundo*, à connaitre « n'y avoir rien dans la Nature qui put lui être plus utile[43] » que « la femme <*uxore*>[44] », *tertio*, à croire finalement « les bêtes semblables à lui[45] » et à sombrer dans la lubricité, l'avarice, la gourmandise ou l'ivrognerie[46] : tout se passe en effet comme si l'invention des valeurs avait pour effet d'invertir l'orientation d'un désir qui, sans elle, aurait été tourné positivement, sinon vers la vertu, du moins vers la vie, l'effort pour persévérer dans l'être et non, négativement, vers l'évitement de la mort ou du malheur. Cette mention d'un appétit pour les choses terrestres est-elle simplement destinée

---

37 *L* 21.

38 *Ibid.*

39 « *postquam bruta sibi similia esse credidit, statim eorum affectus imitari inciperit* », *E*, IV, 68, sc.

40 La déf. VII d'*E*, IV confirme d'ailleurs que sa visée définit l'appétit : « Par fin pour laquelle nous faisons quelque chose j'entends l'appétit <*Per finem, cujus causa aliquid facimus, appetitum intelligo*> ».

41 « *boni, et mali formarent conceptum* », *E*, IV, 68.

42 « *mortem metueret potius, quam vivere cuperet* », *E*, IV, 68, sc.

43 « *nihil posse in natura dari, qod ipsiposset illa esse utilius* », *ibidem.*

44 *Ibid.* On remarquera que Spinoza utilise « *uxor* », que l'on peut traduire aussi par « épouse », plutôt que « *mulier* », qui ne désigne que le genre : c'est donc là souligner le statut de véritable compagne d'Ève, ainsi que sa dignité. Son « utilité <*utilius*> » tient, ainsi que le précise le scolie, à la convenance de nature existant entre Adam et elle : « *uxore, quae cum sua natura prorsus conveniabat* ».

45 « *bruta sibi similia esse* », *ibid.*

46 On sait avec quelle récurrence le libidineux, l'avare, le gourmand et l'ivrogne apparaissent dans l'*E*.

à Blyenbergh (à lui faciliter l'appréhension des idées spinoziennes) ou signale-t-elle une erreur plus profonde, dans laquelle tomberait l'homme sans probité, le méchant, le scélérat <*improbus*> ?

À la fin de la *L* 23, Spinoza déclare :

> Par juste en effet j'entends celui qui *désire constamment* que chacun ait le sien, et dans mon *Éthique* (...), je démontre que *ce désir*, dans les hommes pieux, tire nécessairement son origine de la connaissance claire qu'ils ont d'eux-mêmes et de Dieu. Le voleur n'ayant pas *un désir de cette sorte*, il est donc nécessairement dépourvu de la connaissance de Dieu et de lui-même, c'est-à-dire *de ce qui d'abord nous fait hommes*[47].

Il est frappant qu'après avoir opposé deux sortes d'appétit <*appetitus*>, Spinoza départage l'homme juste <*justus*> et l'injuste par la nature de leur désir, laquelle dépend de l'intégration ou non d'une connaissance qui, d'une part, caractérise l'homme pieux <*pius*>, d'autre part, permet de définir ce désir comme proprement humain <*homen*>, et non bestial ou inhumain : peut-on alors faire l'hypothèse qu'entre l'état qui caractérise Adam avant et après la chute, de même qu'entre l'homme de bien <*probus*> et le méchant <*improbus*>, l'homme pieux <*pius*> et l'impie <*impius*> (au sens philosophique plutôt que religieux de ces termes, c'est-à-dire pratiquant la justice et la charité), il y a une différence de structuration du désir ?

Cela permettrait du moins de comprendre comment une seule et même essence, individuelle ou spécifique, peut comporter des modalités d'affirmation dont la divergence qualitative finit presque par constituer une différence de nature, qu'elle soit envisagée sur le plan épistémologique et/ou éthique.

47 « *Per justum namque eum intelligo, qui* constanter cupit, *ut unusquisque, quod suum est, possideat, quam* Cupiditatem *ego in mea Ethica, in piis ex clara, quam de seipsis, et Deo habent, cognitione necessario originem ducere, demonstro. Et quoniam* ejus generis cupiditatem *fur non habet, necessario Dei, et sui ipsius cognitione, hoc est,* primario, quod nos homines reddit, *destituitur* » (nous soulignons).

HUMANITÉ ET INHUMANITÉ

NATURE DU MAL ET DE SON EFFICIENCE

Cette différence a été précédemment illustrée par l'exemple d'Oreste et de Néron, à propos desquels Spinoza a livré, si ce n'est un prêche philosophique, du moins un véritable condensé de métaphysique et d'éthique :

> Je pose en principe, en premier lieu, que Dieu est cause absolument et réellement de toutes les choses, quelles qu'elles soient, qui possèdent une essence. (...) Je crois avoir suffisamment montré que ce qui donne au mal, à l'erreur, au crime, leur caractère d'acte mauvais ou criminel et de jugement faux, ce qu'on peut appeler la forme du mal, de l'erreur, du crime, ne consiste en aucune chose qui exprime une essence ; qu'en conséquence on ne peut dire que Dieu en soit cause[48].

Dieu n'est pas cause de toute chose, mais de toutes celles « qui possèdent une essence <*omnium, quae essentiam habent*> » : c'est là distinguer implicitement causalité immanente et transitive, et invalider d'avance toute tentative de poser le problème du mal en terme de responsabilité divine, ainsi que Blyenbergh a déjà plus ou moins tenté de le faire. C'est aussi prévenir toute hypothèse ou objection relative soit à l'existence d'une entité contraire à la puissance divine (à la manière du manichéisme), soit au caractère positif du mal, de l'erreur, du crime <*malum, errorem, scelera*>.

Enfin, si « Dieu est cause absolument et réellement de toutes les choses, quelles qu'elles soient, qui possèdent une essence <*Deum absolute, et revera causam esse omnium, quae essentiam habent, quaecunque etiam illa sint*> », cela implique non seulement qu'il l'est de la nature humaine, mais que cette dernière, telle qu'elle est créée « absolument et réellement <*absolute, et revera*> », ne souffre d'aucune imperfection, qu'on la considère dans sa forme absolue – en tant qu'idée ou mode

48 *« Statuo ergo primo, Deum absolute, et revera causam esse omnium, quae essentiam habent, quaecunque etiam illa sint. (...) Videor mihi sufficienter ostendisse id, quod formam mali, erroris, sceleris ponit, non in aliquo, quod essentiam exprimit, consistere ; ideoque dici non posse, Deum ejus esse causam »*, L 23.

déterminé par les lois spécifiant la pensée comme attribut substantiel – ou dans sa réalité – en tant que mode déterminé par les lois spécifiant l'étendue.

Compte tenu de la distinction auparavant produite entre privation <*privatio*> et négation <*negatio*>, cela n'est pas surprenant, mais Spinoza insiste tant sur ce point qu'il semble relever, en creux, les réticences ou les croyances implicites de Blyenbergh : « Si donc vous pouviez démontrer que le mal, l'erreur, les crimes, etc. sont des choses exprimant une essence, je vous accorderais sans réserve que Dieu est cause des crimes, du mal, de l'erreur, etc.[49] ». Cet effet d'insistance produit aussi un démenti de l'acception communément attribuée au mythe du péché originel, celle d'une imperfection foncière de la nature humaine, dans laquelle le mal plongerait ses racines, de sorte qu'Adam et Ève ne pouvaient qu'être déchus de leur innocence : curieuse façon d'envisager les choses, qui fait de l'ignorance une vertu, et des premiers pas accomplis vers la connaissance, une faute.

Mais surtout, cette précision : « je vous accorderais sans réserve <*tibi penitus concedam*> », indique clairement que ce n'est pas tant la « positivité » de Dieu – l'ensemble positif et infini des attributs eux-mêmes infinis qui lui appartiennent comme substance absolue – que l'inconsistance ontologique ou la négativité du mal qui exclut la possibilité d'une relation causale de l'un à l'autre, et donc, que ce n'est pas une réticence théologique ou la crainte d'un quelconque « blasphème » qui retient Spinoza de l'établir, mais bel et bien le fait que l'ensemble des phénomènes que nous désignons par « mal » ne relève pas d'une essence propre, autrement dit, une impossibilité logique aussi bien qu'ontologique.

Qu'il s'agisse du péché originel, de la finitude, du crime, ou d'autres formes d'interactions dont les hommes, ou la nature humaine en eux, pâtissent, l'efficience du mal doit donc être cherchée du côté de la causalité transitive, de ce « *causarum nexus*[50] » dont le déroulement des conséquences est si difficile à anticiper prudemment : le reste est mythologie, « délire <*delirium*> » ou superstition, dans tous les cas production imaginaire superposant sa propre faconde subjective aux entrelacs de la réalité.

---

49 « *Si jam poteris demonstrare, Malum, Errorem, Scelera, etc. quicquam esse, quod essentiam exprimit, tibi penitus concedam, Deum scelerum, mali, errori, etc. causam esse* », *ibid.*

50 *E*, IV, 62, sc.

Enfin, dans ce condensé de métaphysique et d'éthique, il n'est pas anodin que « l'erreur <*error*> » (et non la faute, ou « le péché <*peccatum*> ») soit située exactement sur le même plan que « le mal <*malum*> » ou « le crime <*scelerum*> » : c'est là indiquer nettement que « la forme <*forma*>[51] » dont tous trois procèdent est la même, qu'ils soient envisagés d'un point de vue épistémologique ou éthique. Mais quelle stabilité, structure ou caractéristique peut avoir la forme de ce qui n'a pas d'essence, si ce n'est de déroger à une essence, ou de la contredire ?

Ainsi en va-t-il aussi bien d'une proposition mathématique fausse, dont le résultat ne correspond à rien et n'exprime que la confusion des idées de celui qui le formule, et du vol ou du meurtre : de même que la confusion ne fait qu'altérer des idées qui, considérées en elles-mêmes, sont positives, de même le vol et le meurtre ne viendraient qualifier ou désigner qu'un manque ou une dégradation[52] d'actes qui, considérés en soi seuls, n'ont qu'une réalité positive. Nous savons déjà que ce manque ou cette altération tient à l'inadéquation des idées dont ils procèdent, en tant qu'elle va déterminer, d'une part, l'orientation de l'appétit <*appetitus*> ou du désir <*Cupiditas*>, d'autre part, l'insertion de l'acte dans le faisceau causal <*causarum nexus*> : est-ce alors l'intention qui va donner à un seul et même acte, comme celui de frapper <*verberandi actio*> dans le scolie d'*E*, IV, 59, sa « forme <*forma*> » mauvaise ou bonne ? Mais dans ce cas, pourquoi Spinoza choisit-il de focaliser son analyse sur l'expression corporelle <*appetitus*> ou psychophysique <*cupiditas*> du *conatus* plutôt que sur sa manifestation mentale comme volonté ? On pourrait en effet considérer que la même idée d'une fin quelconque, selon qu'elle est conçue de manière imaginaire, imaginative ou rationnelle revêt alors cette forme <*forma*> mauvaise, morale (extérieurement bonne) ou effectivement bonne.

---

51 Ch. Apuhn précise en disant « le caractère » ou « ce qu'on peut appeler la forme du mal », là où le latin se contente du seul terme « *forma* ».

52 Nous avons conscience d'user, faute de mieux, en parlant ainsi, d'un langage imaginaire ou peut-être, imaginatif.

NÉRON ET ORESTE

Intention et forme extérieure de l'acte

La manière dont Spinoza poursuit son analyse nous éclaire utilement sur ce point : « Le matricide de Néron, par exemple, en tant qu'il contient quelque chose de positif n'était pas un crime ; Oreste a pu accomplir un acte qui extérieurement est le même et avoir en même temps l'intention de tuer sa mère, sans mériter la même accusation que Néron[53] ». On ne s'attardera pas, ici, sur le fait que Spinoza compare, à titre d'exemples, un personnage historique et un héros d'Eschyle : outre que la diversité des sources et des contextes n'ôte rien à leur statut d'« exemplaires » humains synthétisant, *via* la transmission historique ou mythique, un certain nombre d'éléments expérientiels concernant la réalité de la nature humaine, ce qui l'intéresse ici est de proposer un paradigme du juste et de l'injuste.

Or, il a raison de souligner qu'extérieurement, les deux matricides sont identiques : cette extériorité englobe d'ailleurs l'intention, qui, chez l'un et l'autre, est bien la même : contrairement à Œdipe, qui tue son père sans savoir, ni avoir les moyens de savoir, qu'il s'agit de lui, Oreste aussi bien que Néron savent parfaitement bien ce qu'ils font, au sens où dans les deux cas, l'intention <*intentio*> coïncide, dans l'esprit de chacun aussi bien que dans le déroulement causal de l'action, avec l'acte accompli : *« simulque intentionem ad trucidandam Matrem Orestes habuit ».*

Si ce n'est pas l'intention qui les départage, peut-être est-ce néanmoins la manière dont tous deux la conçoivent en tant qu'idée : cela expliquerait du moins que Spinoza ne distingue pas l'intention de la forme extérieure de l'acte, comme si elle ne nous renseignait pas plus qu'elle sur l'un et l'autre meurtrier, et n'était révélatrice ni de leur nature juste ou injuste, ni de leur régime animique ou mental et de son degré d'activité ou de passivité. En fait, l'intention telle qu'elle est abordée dans ce passage, c'est-à-dire comme strictement parallèle ou simultanée <*simul*> à l'acte, apparaît non comme son déterminant mais comme un effet de même rang : ce n'est qu'une idée concomitante ou

---

53 « *Neronis, verbi gratia, matricidium, quatenus aliquid positivum comprehendebat, scelus non erat ; nam facinus externum fecit, simulque intentionem ad trucidandam Matrem Orestes habuit, et tamen, saltem uti Nero, ita non accusatur* », L 23.

corrélative, son antériorité éventuelle dans la durée consciente ne doit donc pas nous égarer, si elle est nécessaire à l'exécution du matricide, elle n'en est pas la cause.

Ingratitude, immiséricorde, insoumission

Mais alors comment cerner, ou discerner, la manière respective dont Oreste et Néron peuvent, d'après ce que l'on sait d'eux, avoir l'idée d'un matricide et l'intentionner ? Spinoza nous renseigne très peu à ce sujet, précisant seulement qu'Oreste ne mérite pas « la même accusation que Néron <*saltem uti Nero, ita non accusatur*> », puis concluant :

> Quel est donc le crime de Néron ? Il consiste uniquement en ce que, dans son acte, Néron s'est montré ingrat, impitoyable et insoumis. Aucun de ces caractères n'exprime quoi que ce soit d'une essence et, par suite, Dieu n'en est pas cause, bien qu'il le soit de l'acte et de l'intention de Néron[54].

On remarquera que, pas plus que ne le fait le mythe, qui relate les remords dont il fut la proie et les tourments que lui infligèrent les Érinyes avant qu'Athéna fléchisse en sa faveur le jugement de l'aréopage athénien, Spinoza ne dédouane Oreste de toute accusation : simplement, il ne peut à tout le moins <*saltem*> être accusé <*accusatur*> *ainsi* <*ita*> que le fut Néron. Or, Spinoza, pour sa part, énonce le crime commis par celui-ci en des termes qui, tout en désignant des choses bien réelles, s'avèrent essentiellement privatifs : *« ingratum, immisericordem, ac inobedientem »*. Ils paraissent même mesurés, si l'on songe à la réputation de tyran sanguinaire qu'a Néron dans l'imaginaire collectif, et presque dérisoires au regard du caractère doublement scandaleux d'un meurtre qui est aussi un matricide.

Si aucune de ces caractéristiques « n'exprime quoi que ce soit d'une essence <*nihil horum aliquid essentiae exprimere*> », c'est d'abord parce qu'elles se définissent comme l'envers ou la négation d'une essence. Ainsi, l'ingratitude, pourtant plus fréquente que la gratitude[55], n'est pas un affect : « Pour l'ingratitude, elle n'est pas un affect. Elle est cependant vilaine, parce qu'elle indique <*indicat*> le plus souvent qu'un homme

54 « *Quodnam ergo Neronis scelus ? Non aliud, quam quod hoc facinore ostenderet se ingratum, immisericordem, ac inobedientem esse. Certum autem est, nihil horum aliquid essentiae exprimere et idcirco Deum eorum etiam non fuisse causam, licet causa actus, et intentionis Neronis fuerit* », *ibid.*

55 *E*, IV, 71, sc.

est affecté <*affectum esse*> d'une Haine excessive <*nimio Odio*>, de Colère, d'Orgueil ou d'Avarice, etc.[56] ».

De même, l'absence de pitié <*immisericordia*>, qu'on la définisse comme cruauté ou comme défaut de miséricorde, n'existe pas par elle-même : comme cruauté, elle suppose en effet l'existence d'un tiers qui est tout autant, voire davantage, visé par notre sadisme, que celui qui le subit directement : « La Cruauté ou Férocité est un désir qui excite quelqu'un à faire du mal à celui que nous aimons ou qui nous inspire commisération[57] ». Elle est donc caractérisée par une relation triangulaire où la jouissance de nuire, d'une part, suppose l'instrumentalisation de celui qui subit directement notre vindicte, d'autre part, vise en réalité un ennemi ou un rival haï.

Mais elle peut aussi, plus simplement, ne relever que de notre imagination : en effet, en faisant dépendre son évaluation d'un affect, Spinoza en souligne la subjectivité. Nous retrouvons donc, avec elle, la perspective à la fois comparative et imaginaire dont il a déjà démontré, *L* 21, que dépendait l'assignation d'une privation <*privatio*> : l'une et l'autre n'ont de réalité que comme « être[s] de raison <*ens rationis*>, (...) manière de penser <*vel modus cogitandi*>[58] », c'est-à-dire que relativement au régime animique passif qui règle communément la production des idées.

Cependant, le terme *« immisericordia »* la désigne plus sûrement encore comme absence de miséricorde, laquelle est ainsi définie dans l'*E* : « La Miséricorde est l'Amour en tant qu'il affecte l'homme de telle sorte qu'il s'épanouisse du bien d'autrui et soit contristé par le mal d'autrui[59] » . Elle est donc en réalité une caractéristique de l'humanité intersubjective comme aptitude à l'empathie ou effet de cette aptitude, telle qu'elle résulte du mimétisme affectif décrit à partir de la proposition 27 d'*E*, III, ce qui revient à affirmer négativement que c'est son inhumanité, soit la négation de la nature humaine, qui définit Néron, « l'Humanité ou la Modestie <*Humanitas, seu Modestia*> » étant, quant à elle, « un désir de faire ce qui plaît aux hommes et de ne pas faire ce qui leur déplaît[60] », soit, d'établir avec eux des rapports de convenance <*convenientia*>.

---

56 « *Porro ingratitudo affectus non est. Est tamen ingratitudo turpis* », *ibid.*

57 « *Crudelitas seu Saevitia est Cupiditas, qua aliquis concitatur ad malum inferendum ei, quem amamus, vel cujus nos miseret* », *E*, III, déf. 38.

58 *L* 21.

59 « *Misericordia est Amo, quatenus hominem ita afficit, ut ex bob alterius gaudeat, et contra ut ex alterius malo contristetur* », *E*, III, déf. 24.

60 « *Cupiditas ea faciendi, quae hominibus placent, et omittendi, quae displicent* », *E*, III, déf. 43.

Quant à l'insoumission <*inobedientia*>, les occurrences du terme, dans l'*E* aussi bien que le *TTP*, la définissent comme le contraire de la structuration raisonnable qui caractérise l'homme libre.

Ce sont donc bien, au sens littéral, ses « défauts » – ce qui, par comparaison imaginative, fait défaut à la nature humaine en lui – qui caractérisent Néron, et l'on peut se demander en quoi le personnage d'Oreste, tel que sa nature singulière transparaît à travers ses œuvres <*opera*>, peut prétendre être davantage défini par des caractéristiques positives. En particulier, y a-t-il dans son histoire, dans ses faits et gestes tels qu'ils sont relatés, quelque chose qui permettrait d'affirmer, *primo*, que son intention <*intentio*> de commettre un matricide procédait davantage d'idées adéquates que celle de Néron, *secundo*, que son désir <*cupiditas*> différait véritablement en nature ?

La vertu ou l'humanité

Si ces deux expressions *internes* de leur essence respective ont pu avoir quelque impact ou effet notable sur les « œuvres <*opera*> » de Néron et d'Oreste, cela doit être manifeste, puisque Spinoza, précédemment, a déclaré à Blyenbergh :

> n'introduisant pas dans mon idée de Dieu celle de juge, j'estime les œuvres suivant leur qualité, non suivant la puissance de l'agent qui les produit, et, pour moi, la récompense qui suit l'œuvre en est une conséquence qui en découle aussi nécessairement qu'il découle de la nature d'un triangle que ses trois angles égalent deux droits[61].

Deux questions se posent donc à nous : Oreste et Néron ont-ils également pris la mesure de ce qu'ils visaient et accomplissaient, c'est-à-dire ont-ils également agi d'après une idée adéquate de la situation dans laquelle leur action s'insérait ? En somme, savaient-ils clairement quels liens de consécution – ou *causarum nexus* – ils allaient à la fois modifier et provoquer ? Pour le savoir, il est nécessaire de s'interroger aussi sur la nature des conséquences de leurs actes : permet-elle de déterminer la forme <*forma*> de leurs œuvres et, finalement, leur degré de puissance <*potentia*> ?

---

61 « *quia Deum tanquam judicem non introduco, et ideo ego opera ex operis qualitate, non vero ex potentia operatoris aestimo, et merces, quae opus consequitur tam necessario id consequitur, quam ex natura trianguli sequitur, tres ejus angulos duobus rectis aequales esse debere* », L 21.

Ce qui revient à s'interroger sur leur vertu, puisque, ainsi que Spinoza l'énonce dans l'*E*, « Nos actions, c'est-à-dire ces Désirs qui sont définis par la puissance de l'homme ou la Raison, sont toujours bonnes ; les autres désirs peuvent être aussi bien bons que mauvais[62] ». La définition VIII d'*E*, IV rapportait d'ailleurs déjà la vertu à l'accomplissement proprement humain qui la permet, en les identifiant : « Par vertu et puissance j'entends la même chose ; c'est-à-dire (…) la vertu, *en tant qu'elle se rapporte à l'homme, est l'essence même ou la nature de l'homme* en tant qu'il a le pouvoir de faire certaines choses se pouvant connaître par les seules lois de sa nature[63] ».

En quoi peut-on dire alors, en les considérant comme des types ou des archétypes expérientiels, qu'Oreste et Néron sont exemplaires d'accomplissements humains de degré différent, l'un étant suffisant pour que ses œuvres *<opera>* se comprennent *<intelligere>*, positivement, « par les seules lois de sa nature *<per solas ipius naturae leges>* », l'autre, au contraire, ne l'étant pas, de sorte que ses œuvres s'expliquent, négativement, principalement par les lois régissant les causes externes, certaines pouvant s'avérer « en opposition avec [sa] nature *<a causis externis, suae naturae repugnantibus>*[64] » ?

LEURS ŒUVRES RESPECTIVES

Celles d'Oreste

On remarquera tout d'abord que si les intentions de Néron et d'Oreste sont identiques par leur contenu, elles diffèrent néanmoins par leurs visées : pour Oreste, il s'agit de venger l'assassinat de son père, Agamemnon, et de trouver sa place légitime sur le trône de Mycènes, usurpée par Égisthe. Pour Néron, de se soustraire à l'influence d'une femme de pouvoir, ambitieuse et manipulatrice, et ainsi de couper court à ses intrigues. Cependant, c'est à sa mère qu'il devait d'avoir accédé au pouvoir, supplantant Britannicus, l'héritier légitime, auprès de l'empereur Claude.

62 « *Nostrae actiones, hoc est, Cupiditates illae, quae hominis potentia, seu ratione definiuntur, semper bonae sunt ; reliquae autem tam bonae, quam malae possunt esse* », *E*, IV, chap. III.

63 « *Per virtutem, et potentiam, idem intelligo* ; *hoc est (…) virtus,* quatenus ad hominem refertur, est ipsa hominis essentia, seu natura *quatenus potestam habet, quaedam efficiendi, quae per solas ipius naturae leges possunt intelligi* » (nous soulignons).

64 *E*, IV, 18, sc.

Enfin, il n'est pas anodin de rappeler que ce sont les scandales retentissants qui émaillèrent sa vie privée qui causèrent sa perte, et non une mauvaise gestion politique : que ses décisions politiques aient bien été les siennes ou qu'elles aient été inspirées par ses conseillers – le préfet du prétoire Burrus et Sénèque, en particulier, s'efforcèrent de renforcer son poids politique et de contrer l'influence de sa mère Agrippine –, le fait signale que c'est bien un désordre intérieur qui caractérise principalement Néron. Extérieurement, l'un semble donc animé par un désir de réparation et de justice conforme à une certaine idée de l'honneur, caractéristique de son milieu et de sa classe, l'autre par un intérêt personnel mal compris ou calculé sur le court terme, voire par un emportement passionnel : une enquête biographique, même sommaire et fondée sur le mythe, peut-elle le vérifier ?

Quelques traits ou circonstances confirment l'humanité d'Oreste <*humanitas*> : elle est attestée par deux séries de faits, d'une part ses propres actes et réactions, de l'autre, ceux d'autrui à son égard. On peut considérer, en effet, qu'une personne capable de se montrer « humaine » au sens spinozien du terme, désireuse d'établir avec autrui des rapports de convenance <*convenentia*> susceptibles d'augmenter aussi bien sa propre puissance que celle des autres, doit, logiquement, savoir s'attirer leur bienveillance et obtenir leur respect, voire entreprendre des œuvres <*opera*> qui lui permettront d'être reconnue[65], c'est-à-dire affermie dans les rapports qui la constituent intérieurement aussi bien qu'extérieurement.

Intérieurement, parce que la reconnaissance ou l'approbation d'autrui renforcent les rapports constitutifs de la forme du corps, de l'*anima*, de l'intellect, extérieurement, parce que c'est par ses actes qu'un individu peut définir sa place au sein d'un groupe, d'une cité, d'un État, de manière à s'y trouver intégré en confortant sa propre puissance aussi bien que celle de la communauté. C'est en ce sens que Spinoza peut dire que « la récompense qui suit l'œuvre <*et merces, quae opus consequitur*>[66] » est une conséquence nécessaire : elle résulte effectivement aussi nécessairement des lois de la nature humaine « qu'il découle *de la nature d'un triangle* que ses trois angles égalent deux droits[67] ».

65 Si ce n'est par le plus grand nombre – car il ne s'agit pas ici de gagner les faveurs de la foule <*vulgus*> –, du moins par un cercle de personnes suffisamment raisonnables, morales <*pius, probus*> ou sages <*sapiens*>.

66 *L* 21.

67 « *tam necessario id consequitur, quam* ex natura trianguli *sequitur, tres ejus angulos duobus rectis aequales esse debere* », *ibidem* (nous soulignons).

Or, à bien des égards, Oreste, quoiqu'il accomplisse un acte assez inacceptable ou terrible[68], manifeste son humanité par ses propres actes et sentiments, obtient qu'elle soit secondée ou reconnue par autrui, et finalement, réussit à être intégré, par la communauté qui est la sienne, à sa juste place, celle de roi légitime de Mycènes. Sans revenir sur le détail exhaustif des péripéties qu'il traverse, on retiendra qu'il fut protégé par sa sœur, Électre, qui l'éloigna de Mycènes afin qu'Égisthe ne puisse lui nuire, qu'il souscrit à la volonté de rendre justice à son père, dictée par l'honneur, alors qu'il n'a pas eu le temps de le connaître, qu'il se montre, jeune homme seul s'attaquant à plus fort que lui, courageux et déterminé, qu'il est, après Agamemnon puis Égisthe, le premier roi de Mycènes à n'avoir pas, d'une manière ou d'une autre, excédé ou usurpé « le sien <*suum*>[69] », mais à l'avoir simplement recouvré.

C'est aussi celui qui clôt définitivement les rapports de consécution négative qui minaient sa famille depuis des années, puisqu'il met un terme à la répétition du terrible ou de l'inacceptable dans l'histoire familiale des Atrides (en effet, Agamemnon, le premier, aurait sacrifié sa fille Iphigénie sur l'autel de Poséidon afin que les armées grecques, qui attendaient vainement un vent favorable, puissent enfin partir pour Troie).

Enfin, on remarquera qu''à l'inverse de Néron ou de son propre père[70], il est capable de commisération <*commiseratio*>[71], de remords <*poenitentia*>[72], d'amour : sensible à la détresse de sa sœur Électre, il est

68 Conformément à la définition que nous avons avancée plus haut : il inflige la souffrance et la mort à sa mère et à Égisthe.

69 *L* 23.

70 Au sujet d'Agamemnon comme d'Oreste, Melanie Klein livre, dans une perspective assez conforme au freudisme même si elle intègre les résultats de ses propres recherches, une analyse très intéressante dans « Réflexions sur l'Orestie » in *Envie et gratitude et autres essais*, Paris, Gallimard, 1968, trad. V. Smirnoff, avec la collaboration de S. Aghion et M. Derrida.

71 *E*, III, déf. XVIII et expl. : « Entre la Commisération <*Commiserationem*> et la Miséricorde <*Misericordiam*> il ne paraît y avoir aucune différence <*nulla videtur esse differentia*>, sinon peut-être que la Commisération a rapport à un affect singulier <*singularem affectum respiciat*>, la Miséricorde à une disposition habituelle à l'éprouver <*Misericordia autem ejus habitum*> ». La commisération est donc bien une manifestation d'humanité.

72 La définition XXVII d'*E*, III : « Le repentir est une Tristesse qu'accompagne l'idée d'une chose que nous croyons avoir faite par un libre décret de l'Âme <*quod nos ex libero Mentis decreto fecisse credimus*> », ainsi que l'explication, qui souligne que « Cela dépend au plus haut point de l'éducation <*Nam hoc ab educatione potissimum pendere*> », en font bien une manifestation de moralité – et non une manifestation éthique – au sens que nous avons donné à ce terme de contention externe des affects.

aussi en mesure d'attirer la bienveillance d'Athéna ; bien qu'accomplissant son devoir de fils, il lui est pénible de tuer sa mère.

Limites et nécessité de l'humanité comme vertu morale

Ces deux premiers affects, qui sont passifs et non pas actifs, dessinent d'ailleurs les limites de l'humanité comme vertu simplement morale : on sait que Spinoza, dans *E*, III et IV[73], les décrit comme des affects passifs qui nous affaiblissent inutilement et qu'à ce titre, s'efforce d'éviter l'homme raisonnable, parce que ce ne sont pas des vertus véritables (ainsi du repentir <*poenitentia*>) ou qu'elles ne le sont qu'à certaines conditions (c'est le cas de la commisération <*commiseratio*>, « en elle-même mauvaise et inutile dans un homme qui vit sous la conduite de la Raison[74] », mais bonne par ses effets chez les autres).

Pourtant, dans les deux cas il en montre aussi la nécessité, le repentir pour moraliser les « hommes impuissants intérieurement <*homines animo impotentes*>[75] » ou « la foule <*vulgus*>[76] », la commisération, parce que « celui qui n'est mû ni par la Raison ni par la Commisération à être secourable aux autres, *on l'appelle justement inhumain car* (Prop. 27, p. III) *il ne paraît pas ressembler à un homme*[77] »

Dans la mesure où la proposition 27 d'*E*, III est celle qui introduit le mécanisme de l'imitation affective dans la génétique des passions, on en déduira que la capacité de reconnaître les autres comme des semblables, ou de se reconnaître semblable aux autres, est une condition *sine qua non* de l'humanité : celui qui en est dépourvu n'en présente que l'apparence ou « forme extérieure <*externam hominum figuram*>[78] ». C'est d'ailleurs ce que confirme la définition de la commisération : « La Commisération est une Tristesse qu'accompagne l'idée d'un mal arrivé à *un autre que nous imaginons être semblable à nous*[79] » : nous sommes humains quand l'altérité n'empêche pas l'imagination de la similitude. Ainsi que le

73 *E*, IV, 50, sc. et 54, sc.

74 *« in homine, qui ex ductu rationis vivit, per se mala, et inutilis est »*, *E*, IV, 50.

75 *E*, IV, 54.

76 *Ibidem.*

77 *« qui, nec ratione, nec commiseratione movetur, ut aliis auxilio sit,* is recte inhumanus appellatur. Nam *(per Prop. 27, p. III)* homini dissimilis esse videtur », *E*, IV, 50, sc. (nous soulignons).

78 *L* 19.

79 *« Commiseratio est Tristitia, concomitante idea mali, quod alteri, quem nobis similem esse imaginamur, evenit »*, *E*, III, Déf. des Aff., XVIII (nous soulignons).

formule L. Bove à propos d'A. Camus, il y a là « une aptitude essentielle qui est, en deçà même de la logique imaginaire du "sujet" et de son fantasme de vaine gloire[80] », suppose « reconnue "la constante justification des hommes qui est la douleur"[81] », c'est-à-dire « Une reconnaissance qui suppose l'identification spontanée à la douleur du semblable, sur laquelle peut s'étayer une éthique de la similitude[82] ».

La reconnaissance peut très bien n'être au départ qu'une représentation imaginaire (peu ou non fondée) ou imaginative (plus rationnelle) : elle est présupposée par le mécanisme de l'imitation des affects et est d'ailleurs déduite avant lui dans la génétique d'*E*, III, dès le scolie de la proposition 22, alors que l'affect n'est encore rapporté qu'à une « chose *<rem>* ». Il précise d'ailleurs que la présence d'un affect préalable n'est pas requise dans la genèse de la pitié, « pourvu que nous la jugions semblable à nous *<modo eam nobis similem judicemus>* ».

En termes freudiens et dans une perspective psychanalytique, cette aptitude renvoie à la capacité de nouer des relations d'objets : qu'est-ce qui, dans le personnage d'Oreste, peut venir l'attester ? On notera que la jalousie qu'il manifeste au moment où Clytemnestre laisse éclater devant lui son désespoir après la mort d'Égisthe témoigne d'une intégration œdipienne dans ses deux aspects principaux : identification au père idéalisé qu'il veut venger, amour tendre pour une mère qu'il n'a pourtant connue qu'aux premiers temps de sa vie.

Son acte perpétré, les remords et la douleur qui l'accablent témoignent de ce qu'il en mesure pleinement le sens, et la portée : Oreste ne perd donc jamais le contact avec la réalité, il ne la fuit pas ni ne la dénie, et c'est d'ailleurs ce qui explique qu'il soit envahi par la culpabilité. À cet égard le jugement de l'aréopage athénien, tout comme l'intercession

80 *Albert Camus, de la transfiguration. Pour une expérimentation vitale de l'immanence*, Paris, Publications de la Sorbonne, 2014, p. 111.

81 *Ibidem*. La citation est de Camus dans « Le témoin de la liberté » (*in Actuelles*, Chroniques 1944-1948).

82 *Ibid.* L. Bove relève ensuite avec une grande justesse le « contresens » de « La majorité des lecteurs et des commentateurs » de Camus, qui « identifient immédiatement l'idée de "nature humaine" avec un principe idéaliste, anhistorique, métaphysique et moral » (p. 111) alors qu'elle pose « une nature partagée qui (…) ne saurait être, de manière simplifiée, entendue comme une nature éternelle et morale » (p. 114). Dans la mesure où l'auteur revendique une approche spinoziste de l'œuvre d'A. Camus, cette analyse nous semble pouvoir être rapprochée de la définition de la commisération comme aptitude affective porteuse d'humanité avancée par Spinoza dans *E*, III.

d'Athéna en sa faveur, paraissent décisifs : symboliquement, une deuxième mère de substitution prend le relai d'Électre pour lui permettre de s'affirmer et de trouver sa place, tandis que l'acquittement dont il bénéficie finalement l'intègre, dans les règles, au sein de la société civile et politique.

C'est un roi qui ne s'est pas exempté de toute obligation humaine ni du devoir de se soumettre aux lois qui monte alors sur le trône de Mycènes : d'un point de vue spinozien, il a su faire coïncider son utile propre avec la justice ; sans être sage <*sapiens*> à proprement parler – il n'a qu'une idée approximative des causes qui le déterminent et sa représentation de la vertu n'est que celle de son époque et de sa classe –, il incarne bien l'homme probe <*probus*>, moral ou « pieux <*pius*> » dont il est question dans l'échange avec Blyenbergh ; d'un point de vue freudien, c'est une personne structurée, capable d'investir son énergie pulsionnelle de manière cohérente et conséquente, qu'il s'agisse de nouer des relations humaines ou d'agir, pour transformer à la fois son environnement et le cours de son existence dans un sens favorable.

Celles de Néron

Tout autre apparaît la figure de Néron : usurpateur du trône qui aurait dû revenir à Britannicus, manipulé par sa mère dont il ne fait d'abord que servir les desseins et la soif de pouvoir – c'est elle qui convainc l'empereur Claude de l'adopter et ainsi de faire de lui, puisqu'il est plus âgé que son propre fils, son successeur officiel, c'est elle qui utilise son influence sur le Sénat pour faire proclamer, afin de consolider la position de Néron, une loi d'exception autorisant son mariage, normalement proscrit, avec sa propre sœur adoptive, Octavie, c'est elle enfin qui se retourne contre son fils, prenant brusquement le parti de Britannicus, lorsqu'il cherche à se soustraire à son emprise et à exercer le pouvoir en son nom propre – il n'est qu'un vecteur d'injustice.

Pire, son existence tout entière est placée sous le signe de la déraison, celle d'une usurpation d'abord, mais aussi, et surtout, celle de la reconduction transgénérationnelle d'une situation incestueuse : Agrippine, d'abord la maîtresse de son frère, Caligula, épouse finalement son propre oncle, Claude, puis est soupçonnée – c'est du moins ce qui apparaît dans les écrits de Flavius Josèphe, Suétone et Tacite – d'entretenir une relation incestueuse avec son fils Néron, et enfin organise le mariage de ce dernier avec sa sœur adoptive.

Ces interactions causales, dont nous établirons plus loin le caractère non seulement extérieur mais contraire à la nature humaine, s'avèrent évidemment destructrices pour lui comme pour les autres. Lorsqu'il cherche à s'en défendre, c'est encore sur le mode maternel, de manière violente et impitoyable, en accumulant les meurtres et en piétinant toute prohibition affective, sociale ou morale. Même sa façon d'être extérieurement déterminé semble altérée, à peine susceptible, ou en partie seulement, de manifester une aptitude à être affecté qui soit bien la sienne, qui ne soit pas simplement l'écho, l'imitation, d'une puissance autre, et si nous reviendrons sur les causes d'une aliénation aussi profonde, nous ne pouvons que constater, pour l'instant, à quel point c'est bien un défaut d'être, d'agir et d'essence propres qui définit Néron, comme si quelque chose l'avait empêché de faire fond sur ses caractéristiques positives. Il n'est donc pas étonnant que, loin d'être intégré et reconnu dans sa communauté, le pouvoir politique pourtant considérable dont il dispose ne puisse que différer son exclusion et sa ruine, et non les empêcher.

Le langage privatif dont use Spinoza pour qualifier Néron vise ainsi, malgré sa forme mesurée et presque anodine, un grave ensemble d'inaptitudes, parce qu'il va dans le sens d'une humanité seulement apparente, ou très insuffisante par rapport aux caractéristiques communes : une humanité qui a été contredite, entravée, non structurée et/ou violentée. Néron, tel que nous le dépeint l'anecdote historique, avec sa mégalomanie, son immoralité et son histrionisme[83], fournit une bonne illustration concrète de la proposition 56 d'*E*, IV : « Le plus haut degré d'Orgueil ou de Mésestime de soi indique la plus grande impuissance intérieure <*animi impotentiam*>[84] », et de sa démonstration : « Le premier principe de la vertu est de conserver son être (...) et cela sous la conduite de la Raison (...). Qui donc s'ignore lui-même ignore le principe de toutes les vertus et conséquemment toutes les vertus[85] ». De fait, si Néron se voulait du mal et cherchait à concourir à sa propre perte, il n'agirait

83 Apparemment, il se piquait suffisamment de talent poétique pour participer à des concours.

84 « *Maxima Superbia, vel Abjectio maximam animi impotentiam indicat* ».

85 « *Primum virtutis fundamentum est suum esse conservare (...) idque ex ductu rationis (...). Qui igitur se ipsum ignorat, omnium virtutum fundemtum, et consequenter omnes virtutes ignorat* ».

guère différemment. Mais comment pourrait-il ne pas s'ignorer lui-même, lui qui semble à peine *être* lui-même ?

Si ce qui vaut pour le crime de Néron – résulter principalement de caractéristiques négatives, n'exprimant pas l'essence singulière de l'individu – vaut également, selon des modalités et à des degrés divers, pour tout crime, alors il faudra probablement réévaluer le poids de la finitude, qui est celui des causes externes, lorsque nous aborderons la question du type d'efficience historique qu'elle est susceptible de produire en termes de causalité transitive.

CONSIDÉRATION ABSOLUE ET COMPARATIVE

Des œuvres

Nous sommes néanmoins en mesure de mieux saisir le propos spinozien, lorsque, résumant l'une des questions que lui a adressées Blyenbergh (« voler est-il au regard de Dieu aussi bon que de pratiquer la justice[86] ? »), il commence d'abord, si par « *bon au regard de Dieu*, [Blyenbergh considère] que le juste procure à Dieu quelque bien tandis que le voleur lui cause du mal[87] », par préciser que « ni le juste ni le voleur ne peuvent être cause d'un plaisir ou d'un chagrin de Dieu[88] ». À charge, sur ce point, pour son interlocuteur d'entendre enfin ce qu'il lui a expliqué au sujet du langage anthropomorphique de la théologie.

La suite est plus subtile :

> S'agit-il de savoir si l'une et l'autre œuvre, celle du voleur et celle du juste, en tant qu'elles sont quelque chose de réel dont Dieu est cause, sont également parfaites ? Je réponds que, si nous considérons uniquement les œuvres, tel mode déterminé, il se peut faire qu'il y ait dans l'une et l'autre une perfection égale. Demandez-vous si le voleur et le juste sont également parfaits, ont même béatitude ? Je réponds : non[89].

---

86 « *furari Dei respectu aeque bonum sit, ac justum esse ?* », L 23.

87 « *si bonum respectu Dei inferat, justum aliquid boni Deo praestare, et furem aliquid mali* », *ibidem.*

88 « *neque justum, neque furem in Deo delectationem, aut taedium posse causari* », *ibid.*

89 « *si vero quaeratur, an utrumque illud opus, quatenus aliquid reale, et a Deo causatum est, aeque sit perfectum ? dico, si ad opera tantum animum advertamus, et ad talem modum, posse fieri, ut utrumque aeque sit perfectum. Si igitur interroges, numque fur, et justus aeque sint perfecti, beatique ? respondeo, non* », *ibid.*

Certes, en tant qu'elles sont quelque chose de réel <*quatenus aliquid reale*>, les œuvres <*opera*> respectives de l'homme probe et de l'homme injuste pourraient bien être « également parfaites <*aeque sit perfectum*> » : on ne saurait hiérarchiser qualitativement ce qui existe positivement, ce qui affirme une essence, dans la mesure où Dieu en « est cause <*a Deo causatum est*> ».

Autrement dit, les seuls critères de hiérarchisation possible sont quantitatifs : plus ou moins de puissance, plus ou moins de complexité ou d'aptitudes, exactement comme lorsque l'on compare « un rat <*mus*> » et « un ange <*angelus*>[90] ». Ce sont d'ailleurs ces mêmes critères qui jouaient dans *E*, II au moment de l'analyse de la hiérarchie et de la différenciation des corps. Ce qui est parfait <*perfectum*> peut certes varier quantitativement mais pas qualitativement : un rat a *moins* de perfection qu'un ange, mais, considérée en elle seule <*in se sola considerata*>[91], sa perfection n'est pas *moindre*.

C'est le jeu des comparaisons, soit imaginaires, soit imaginatives, qui réintroduit la différence qualitative impliquée par la différence quantitative : *perfectio* et *realitas* sont, sous la plume de Spinoza, des termes strictement synonymes, ce qui n'exclut pas que puissent être effectivement produites quantité de choses imparfaites. Ainsi Spinoza précisait-il bien, *L* 19, que la décision adamique de transgresser l'interdit divin était parfaite, « aussi longtemps que nous la considérons en elle-même sans la comparer à d'autres décisions plus parfaites et témoignant d'un état plus parfait[92] ».

On ne saurait mieux dire que les hiérarchies sont effectivement produites, à partir d'un certain *causarum nexus*, par ce qui n'a d'existence que négative (en l'occurrence, l'ignorance native d'Adam), d'une part, et que leur relativité et leur arbitraire fréquents ne sont relatifs qu'à notre difficulté, étant donné les manières de penser <*modus cogitandi*> qui sont communément les nôtres, à discerner ce qui exprime une essence, et ce qui n'en exprime pas : en témoigne notre tendance à en imputer fictivement une à la privation <*privatio*>, qui n'est que négation <*negatio*>, au mal <*malum*>, au péché <*peccatum*>, à l'erreur <*error*>, etc.

90 *Ibid.*

91 *L* 19.

92 « *et propterea in Adami decreto, quando illud in se consideramus, nec cum aliis perfectioribus, perfectioremve statum ostendentibus, comparamus,* nullam *poterimus invenire* imperfectionem ».

Une telle façon de considérer les choses exige cependant une tournure d'esprit particulière, ou plutôt, une certaine application de l'esprit : *« tantum animum advertamus »*. La tournure est classique en latin, que l'on trouve aussi bien chez Virgile que chez Cicéron[93] : mais comme toujours chez Spinoza, les citations classiques ne sont jamais anodines, ni tout à fait conformes à leur emploi original, mais plutôt subverties, détournées par le contexte dans lequel elles s'insèrent.

Il est ici double : d'une part, la précision *« et ad talem modum »* corrige l'acception courante du terme *« opera »* pour le revêtir de son sens ontologique : une spécification causale d'un attribut ou, comme c'est le cas ici, d'un autre mode <*modus*>, d'après les lois éternelles et nécessaires qui déterminent le déploiement de la puissance substantielle. Il s'agit donc de considérer ces œuvres « absolument <*absolute*> », ainsi que Spinoza l'avait formulé un peu plus haut[94], c'est-à-dire de les isoler de leur insertion dans les interactions de la causalité transitive pour ne voir, en elles, que ce qui est produit positivement, par la causalité immanente. Non que la causalité transitive doive se produire nécessairement de façon négative, mais seule la puissance immanente de la substance engendre toujours, et nécessairement, des modes positifs.

D'autre part, Spinoza utilise le terme *animus*, et non celui de *mens* ou d'*intellectus* : cela peut paraître anodin, dans la mesure où c'est celui qu'emploient le type de locutions latines ici mobilisé, soit *« adertere tantum animum ad »* : d'autres, très proches, existent pourtant, qui utilisent le terme *mens*, ainsi *« huc advertite mentem »*, « tourner votre esprit (de ce côté-ci) vers ceci[95] ». Aussi pensons-nous que cette précision indique le type de résistance qu'il faut vaincre : l'intellect <*intellectus*> n'a pas besoin de s'appliquer ainsi, car il est rationnel, l'âme <*mens*>, quant à elle, est un terme trop large puisqu'il englobe également une partie <*pars*> rationnelle et une autre, qui se rapporte <*refertur*> au corps ; or, c'est précisément cette dernière qui résiste à ce type de considération « absolue », et qu'il faut donc « appliquer » ou « tourner » <*advertare*> vers lui.

93 Cités par Félix Gaffiot dans son dictionnaire pour illustrer les différentes acceptions d'*« adverto »*.

94 « Je pose en principe, en premier lieu, que Dieu est cause absolument et réellement de toutes les choses, quelles qu'elles soient, qui possèdent une essence <*Statuo ergo primo, Deum absolute, et revera causam esse omnium, quae essentiam habent, quaecunque etiam illa sint*> », *L* 23.

95 Cité par F. Gaffiot dans son dictionnaire à l'entrée *« adverto »*.

L'imagination, prompte, en régime passif, à comparer et à rapporter le réel à des normes fictives ou à des définitions générales, doit, une fois de plus, être sollicitée de manière à passer en régime actif et à devenir l'auxiliaire de l'entendement : sinon, rapportant des œuvres diverses à une représentation normée de la puissance de l'agent humain en général, elle ne peut qu'emboîter le pas aux appréciations morales communes et juger celle du « voleur <*fur*> » très imparfaite par rapport à celle du « juste <*justus*> ».

C'est cela, « estimer les œuvres suivant leur qualité, non suivant la puissance de l'agent qui les produit <*opera ex operis qualitate, non vero ex potentia operatoris aestimo*>[96] » : ne pas se laisser abuser par une apparence humaine similaire ou *« externam hominum figuram*[97] *»* mais s'attacher à ce qui, en elles, est positivement produit et exprime une essence. Nous le faisons spontanément lorsque l'apparence est dissemblable, parce qu'elle nous dispose à notre insu à faire comme si nous avions une idée de la différence des essences : ainsi ne jugeons-nous pas selon une norme commune les œuvres d'un enfant et d'un adulte, d'une personne belle ou laide, en bonne santé ou malade, distribuant les sentences accidentellement justes ou injustes au gré de nos perceptions.

C'est donc à une correction radicale des usages spontanés et des évaluations morales communes que Spinoza invite Blyenbergh : autant dire que la tâche n'est pas aisée, et qu'il doit bien se douter de l'issue de cette ultime tentative pour l'amener à saisir sa manière de voir.

Des hommes

Conformément à ce qu'il avait déclaré *L* 19, néanmoins, Spinoza, loin de juger des œuvres d'après une « forme <*forma*> » préétablie, remonte progressivement, par induction, jusqu'à la puissance dont témoigne leurs auteurs et, enfin, jusqu'à leur nature : « le voleur et le juste <*fur, et justus*> » ne sont pas « également parfaits », ni n'ont « même béatitude <*aeque perfecti beatique*> », point qu'il avait déjà annoncé, juste avant ce développement, dans une formule similaire : « La question est-elle au contraire de savoir si les meurtriers sont *aussi*

96 *L* 21.
97 *L* 19.

gens de bien et aussi parfaits que [ceux qui distribuent des][98] aumônes. Je réponds encore : non[99] ».

Ni également probes <*probi*>, ni également bienheureux <*beati*>, nous retrouvons à propos de la différence séparant les meurtriers des hommes charitables qui distribuent des aumônes <*homines, qui occidunt, et eleëmosynas distribuunt*> la même différence que celle que nous avons déjà rencontrée entre l'homme moral <*pius*> et immoral <*impius*>, le juste <*justus*> et le voleur <*fur*>, l'homme sage <*sapiens*> ou inconscient <*inscius*> « de soi, de Dieu et des choses[100] » : ils diffèrent, nous l'avons vu, d'une part par la nature de leur désir <*cupiditas*>, tourné vers la vertu <*virtus*> ou « les choses terrestres <*rerum terrenarum*>[101] », d'autre part par la proportion d'idées adéquates, dans leur âme, par rapport aux idées inadéquates, – ce dernier point expliquant que si l'ignorant <*ignarus*> produit des choses qui, considérées non pas absolument mais dans leur insertion dans le maillage des causalités immanente et transitive, sont accidentellement bonnes ou mauvaises[102], le sage, parce qu'il prévoit imaginativement les conséquences de ses actes, produit plus sûrement et plus constamment des choses bonnes (favorable à sa puissance comme à celle des autres).

Mais se présente cependant une difficulté : comment expliquer que les modes <*modi*> que sont les œuvres <*opera*> puissent être considérés comme également parfaits <*perfecti*>[103], mais pas ces autres modes <*modi*> que sont les hommes <*homines*> qui les produisent ? Pourquoi la considération absolue <*absolute*> ou en soi seule <*in se sola considerata*>, qui résorbait les hiérarchies morale ou éthique des œuvres, loin d'avoir le même effet pour les hommes <*homines*>, semble au contraire les confirmer

---

98 Ou, selon la traduction curieuse de Ch. Appuhn, « les distributions d'aumônes ». Celle de M. Rovere est nettement plus heureuse : « ceux qui font l'aumône », *Spinoza. Correspondance*, *op. cit.*, p. 180.

99 « *Si vero Quaestio est, numne homines, qui occidunt, et eleëmosynas distribuunt,* aeque probi, et perfecti *sint. Rursus negando respondeo,* *L* 23 (nous soulignons).

100 *E*, V, 39, sc.

101 *L* 21.

102 Accidentellement par rapport à son intention <*intentio*>, mais nécessairement du point de vue de l'enchevêtrement des causes <*causarum nexus*>.

103 On se souvient que Spinoza n'est pas catégorique, peut-être à cause du point de vue « absolu » sous lequel il donne sa réponse : « si nous considérons uniquement les œuvres, tel mode déterminé, *il se peut faire* qu'il y ait dans l'une et l'autre une perfection égale <*si ad opera tantum animum advertamus, et ad talem modum, posse fieri, ut utrumque aeque sit perfectum*> » (nous soulignons).

(sur ce point, en effet, on aura remarqué qu'à deux reprises Spinoza est tout à fait catégorique : ils n'ont ni même perfection <*aeque perfecti*>, ni même béatitude <*beati*>, ni même probité <*probi*> ; il le sera encore une fois lorsqu'il répondra à la troisième question de Blyenbergh) ?

Si l'on se souvient de son analyse des matricides respectivement commis par Oreste et par Néron, on aura à l'esprit qu'en tant qu'actes <*opera*>, leur positivité ou leur réalité est égale : cela tient moins au fait que ce sont deux actes tout à fait similaires – en effet Spinoza dit exactement la même chose, *L* 19, de la décision adamique de transgresser l'interdit divin[104] – qu'au fait que ce sont des *actes* : en tant que modes déterminés, ils s'insèrent actuellement dans le maillage causal et seule la considération de leur sens éthique permet de les différencier, dans la mesure où Oreste fait la preuve de son humanité et se comporte de manière morale, tandis que Néron est davantage déterminé par les causes externes que par sa propre puissance causale. Victime de ce qui s'apparente à un désordre intérieur (un manque de structuration ou d'intégration rationnelle), non seulement il ne manifeste guère la nature humaine qui est pourtant la sienne, mais il peine à être lui-même : la plupart de ses caractéristiques singulières sont négatives.

Aussi Spinoza dirait-il sans doute la même chose à propos de leurs œuvres si elles avaient été très dissemblables (c'est pour les besoins de l'explication qu'il les choisit similaires), tout en maintenant la différence qualitative qui les sépare en tant qu'êtres humains <*homines*>. À ce titre, la décision adamique <*Adami decreto*>, l'acte du voleur <*fur*>, du meurtrier <*homines qui occidunt*>, du distributeur d'aumônes <*eleëmosynas distribuunt*>, etc., si on ne les compare pas, expriment également réalité <*realitas*> ou perfection <*perfectio*>, c'est-à-dire sont des effets qui manifestent la puissance de leurs causes : ils faut les réintroduire dans le jeu comparatif qui les rapporte à la fois à leurs auteurs et les uns aux autres pour qu'ils manifestent aussi leur impuissance, c'est-à-dire pour que l'on discerne ce qui, en eux, du point de vue d'une certaine norme commune de la puissance humaine, manque. Alors pourquoi ce même jeu imaginatif qui oppose une considération « absolue » et une considération comparative ne vaut-il plus lorsqu'il s'agit des hommes <*homines*> ?

---

104 Voir *supra*, chap. I.

Peut-être parce que pour les hommes, persévérer dans son être, être humain <*homen*>, et être vertueux, c'est la même chose, ainsi que l'établit la définition VIII d'*E*, IV : « la vertu, *en tant qu'elle se rapporte à l'homme, est l'essence même ou la nature de l'homme*[105] ». Tandis que c'est du point de vue des relations intermodales, c'est-à-dire relativement à ce mode particulier qu'est l'homme, que les œuvres <*opera*>, positives en elles-mêmes, peuvent s'avérer imparfaites, pour l'homme <*homen*>, l'axe ontologique (être), épistémologique (connaître), et éthique (agir sous la conduite de la raison <*ex ductu rationis*>) sont exactement superposables.

La distinction, qui valait pour les œuvres, de l'acte et de son sens éthique est, en ce qui le concerne, complètement inexistante, et ce, quelle que soit la manière de le considérer : un homme qui veille, « sous la conduite de la Raison <*idque ex ductu rationis*> », à sa conservation, agit vertueusement, avons-nous également vu à propos de la démonstration d'*E*, IV, 56. Mais cette précision est presque redondante puisque celui qui bafoue sa propre humanité ne peut que se détruire. C'est ce que Spinoza va fermement répondre à Blyenbergh.

NATURATION ET DÉNATURATION HUMAINES

DANS UNE PERSPECTIVE SPINOZIENNE

Une philosophie en devenir spinoziste

Contrairement au juste <*justus*>, a-t-il d'abord fait valoir, le voleur <*fur*> est dépourvu <*destituitur*> de toute connaissance <*cognitione*> « de ce qui d'abord nous fait hommes <*quod nos homines reddit*> ». La suite est plus complexe :

> Si toutefois vous demandez en outre quelle force peut vous pousser à faire cette œuvre que j'appelle vertu, plutôt qu'une autre ? Je réponds que je ne peux dire de quel moyen, parmi une infinité d'autres, Dieu use pour vous déterminer à cette œuvre. Ce pourrait être que Dieu eût imprimé en vous

105 « *virtus*, quatenus ad hominem refertur, est ipsa hominis essentia, seu natura » (nous soulignons).

> une idée claire de lui-même, de sorte que, par amour de lui, vous oublieriez le monde et aimeriez les autres hommes comme vous-même. Et il est manifeste qu'à *une âme ainsi [constituée]*[106] répugne tout ce qu'on appelle le mal et que, pour cette raison, le mal n'y peut exister[107].

Là où Blyenbergh, sollicitant une sorte de prêche philosophique, s'enquérait d'une *« ratio virtutis*[108] *»*, Spinoza, de manière bien caractéristique, répond en termes de détermination <*determinet*>, de force <*movere*>, d'idée imprimée <*ideam impresserit*> et de mouvement ou disposition affective tout à fait involontaire : « vous oublieriez le monde et aimeriez les autres hommes comme vous-même <*ut mundum oblivioni propter sui amorem traderes, reliquosque homines, sicut te ipsum, amares*> ». Ainsi qu'il le soulignera dans le scolie d'*E*, III, 2, il n'y a rien, en effet, qui semble moins se décréter que l'oubli.

Pas d'argumentaire persuasif, donc, mais plutôt un aveu d'ignorance (« je ne peux dire <*dico, me non posse scire*> »), face à l'infinité des moyens <*qua via, ex infinitis*> dont use la divinité <*Deus utatur*>, suggérant une incommensurabilité dont le constat est un *topos* récurrent dans la Bible et le discours religieux. On aura remarqué, également, la possibilité d'interpréter ce passage, à la manière des pasteurs luthériens ou calvinistes, en termes de prédestination ou de grâce divine : cette dernière ne désigne jamais que le hasard favorable – nécessairement déterminé mais inaccessible à la connaissance humaine – par lequel, de manière apparemment incompréhensible, un individu est déterminé, extérieurement et intérieurement, « à cette œuvre que j'appelle vertu, plutôt qu'une autre <*hoc opus, quod Virtutem nuncupo, quam aliud facias*> ».

Le lexique, physique, est très proche de celui qu'utilise l'Abrégé physico-physiologique d'*E*, II, particulièrement l'expression *« ideam impresserit »*, proche du postulat V, consacré à la formation des *vestigia*, mais aussi de la définition de la mémoire comme *« sensatio impressionum*

---

106 Ou « formée », comme le formule la traduction de Ch. Appuhn.

107 *« Si tamen ulterius quaeras, quid te queat movere, ut magis hoc opus, quod Virtutem nuncupo, quam aliud facias ? dico, me non posse scire, qua via, ex infinitis, Deus utatur, ut te ad hoc opus determinet. Posset esse, ut Deus tibi clare sui ideam impresserit, ut mundum oblivioni propter sui amorem traderes, reliquosque homines, sicut te ipsum, amares ; et perspicuum est* hujusmodi animi Constitutionem *cum caeteris omnibus, quae malae vocantur, pugnare, et ea de causa in uno subjecto non posse esse »*, *L* 23 (nous soulignons).

108 *L* 22.

cerebri[109] », donnée dans le *TRE*. Pourtant, dans la mesure où c'est non seulement « une idée », mais « une idée *claire* <clare *ideam*> » qui est ici imprimée, et où elle sert à caractériser « une âme ainsi [constituée] <*hujusmodi* animi Constitutionem>[110], nous sommes portée à y voir un rappel des « vestiges intellectuels <*intellectus vestigia*> » théorisés dans la *L* 17, juste avant que Spinoza n'entame son échange épistolaire avec Blyenbergh : rappelons, en effet, que Spinoza y utilisait à plusieurs reprises les expressions très proches d'*« animae constitutio »* et de *« mentis constitutio »*.

Or, si notre hypothèse est exacte, ces « vestiges <*vestigia*> » sont ceux qu'imprime l'activité de l'entendement dans l'*anima*, de manière à faire passer l'imagination en régime actif, celui sous lequel elle le seconde au lieu de lui faire obstacle, et à étendre à tout l'individu un ordre de détermination psychophysique allant de l'âme au corps (et non, comme c'est communément le cas, du corps à l'âme)[111].

Tout se passe, en tout cas, comme si Spinoza mobilisait des idées que nous retrouvons, pour la plupart, sous leur forme définitive, dans l'*E*, sans avoir encore fixé son lexique définitif adéquat ni déterminé lesquelles il jugeait bon de conserver, lesquelles d'écarter : ainsi la définition génétique du présage <*omen*> contenue dans la *L* 17, qui procède à la rationalisation de la notion de « pressentiment confus <*confuse praesentire*> », se trouve réduite, dans le scolie d'*E*, III, 50, à son mécanisme affectif. De même, la distinction entre une considération « en soi <*in se*> » ou « absolue <*absolute*> » et une considération comparative procédant de l'imagination, – soit sous sa forme passive, soit sous sa forme active (telle que Spinoza ne cesse de la mettre lui-même en œuvre) –, qui traverse, telle un fil rouge, toutes les missives adressées à Blyenbergh, apparaît comme une première élaboration de la distinction entre perspective temporelle, ou dans la durée, et *« sub specie aeternitatis »*.

Cette fois-ci, la mention d'une impression <*impresserit*>, par Dieu, d'« une idée claire de lui-même <*clare sui ideam*> », telle que, « par amour de lui, vous oublieriez le monde et aimeriez les autres hommes comme vous-même <*ut mundum oblivioni propter sui amorem traderes, reliquosque*

---

109 § 82-83.

110 Nous soulignons et modifions la traduction de Ch. Appuhn : « ainsi formée ».

111 Dans la mesure où toute compréhension véritable a un impact affectif, l'entendement détermine, en déposant les souvenirs de ses démonstrations dans l'*anima*, une certaine structure affective.

homines, sicut te ipsum, amares> » fait écho à la théorie du réaménagement affectif d'*E*, IV et V ; c'est en tout cas une représentation éloquente de l'efficace interne (animique ou mnémo-affective) de la connaissance vraie « de soi, de Dieu et des choses[112] », comme si Spinoza, s'efforçant de répondre adéquatement à la demande de Blyenbergh, adoptait, pour lui offrir une « *ratio virtutis*[113] », le mode représentatif des discours religieux qui importent tant à son interlocuteur.

Cela peut être en même temps, bien sûr, un raccourci théorique ou une simplification à son usage : c'est ce que suggère fortement la remarque dont Spinoza l'accompagne : « D'ailleurs ce n'est pas ici le lieu d'expliquer les fondements de l'Éthique, ni même de démontrer toutes les propositions que j'avance, parce que ma seule affaire présente est de répondre à vos questions et d'écarter vos objections[114] ».

Mais en mars 1665, Spinoza s'est manifestement déjà attaqué aux pièces maîtresses de sa philosophie. C'est ce qui justifie l'emploi du verbe « devenir » plutôt qu'« advenir » pour décrire l'émergence actuelle de sa philosophie : le moment où, en l'individu, la puissance de sa causalité propre l'emporte sur celle des causes externes est aussi celui de son autonomie intellectuelle[115]. Nulle présupposition d'une virtualité ou d'une essence *a priori* qui devraient s'effectuer ou se déployer de façon nécessaire, donc, de notre part, mais plutôt le constat d'une affirmation philosophique qui est de plus en plus assurée d'elle-même et de sa singularité.

Le sage et l'insensé

L'analyse de l'exemple d'Oreste et de Néron nous a fourni un paradigme du juste et de l'injuste, de l'humanité et de l'inhumanité en leur sens à la fois affectif et moral. L'hypothèse, évoquée par Spinoza, d'une « *claire* idée <clare *ideam*>[116] » de Dieu imprimée <*impresserit*> par lui en

---

112 *E*, V, 39, sc.

113 *L* 22.

114 « *Porro fundamenta Ethices explicandi, et etiam cuncta mea dicta demonstrandi non est hic locus, quia tantum in eo sum, ut ad Quaestiones tuas responsum dem, et eas a me avertam, arceamque* », *L* 23.

115 C'est d'ailleurs pourquoi nous pouvons envisager la possibilité d'un non advenir à soi : l'enfance tout entière, et sans doute, pour la majeure partie des individus, le début de la maturité, sont marqués par la prédominance des causes externes, bien qu'elle n'aille pas, le plus souvent, jusqu'à annihiler la puissance causale propre de l'individu.

116 *L* 23 (nous soulignons).

l'homme de manière à ce que sa constitution mentale ou animique <*animi constitutionem*> le porte à la vertu <*virtus*>, à l'oubli du monde <*mundum oblivioni*> et à l'amour des autres <*reliquosque homines, (...), amares*>, dépasse cet horizon simplement moral en proposant à Blyenbergh une perspective proprement éthique : cet homme-là, en effet, semble réunir en lui les caractéristiques du philosophe <*philosophus*>, du sage <*sapiens*> dont l'âme <*mens*> est grandement consciente <*multum conscia*>[117], par opposition au théologien <*theologus*>, à l'ignorant <*ignarus*> et à l'inconscient <*inscius*>. Il est en quelque sorte, ainsi que le formulera la préface d'*E*, IV, le « modèle <*exemplar*> » d'une humanité hautement accomplie, ou de l'individu humain libre, déterminé principalement par sa propre puissance causale.

Par contraste, la troisième question de Blyenbergh l'amène à envisager son antithèse : il s'agissait, en effet, de savoir « s'il existe une *âme* à la nature singulière de laquelle ne répugne pas mais convient l'abandon aux appétits sensuels et le crime, peut-il y avoir un raisonnement sur la vertu capable de l'amener par persuasion à faire le bien et à ne pas faire le mal[118] ? »

L'utilisation du terme *animus* souligne d'emblée le caractère peu rationnel, et peut-être peu humain[119] d'une telle âme ; elle est cependant relativement anodine, dans la mesure où c'est le terme qu'utilisait déjà Blyenbergh (Spinoza reprend la question presque mot pour mot). La suite l'est beaucoup moins : cette question, fait valoir Spinoza, « implique contradiction et la poser, c'est, à mes yeux, comme si l'on demandait s'il pouvait convenir à la nature de quelque être qu'il se pendît ou s'il y a des raisons pour qu'il ne se pende pas[120] ».

À certains égards, Spinoza ne fait que réitérer une affirmation déjà produite *L* 19, à savoir que les méchants <*impios*>, étant dans l'ignorance de Dieu <*quia Deum non cognoscunt*>, et donc d'eux-mêmes et des choses,

117 *E*, V, 39.

118 *« si daretur* animus, *cum cujus singulari natura non pugnaret ; sed conveniret, libidinibus obtemperare, et scelera perpetrare, an in eo, inquam, ratio Virtutis daretur, quae ipsi, ut bonum faceret, et malum omitteret, persuaderet ? »*, *L* 23 (nous soulignons).

119 Au sens où *« animus »* et *« animata »* sont les termes utilisés dans *E*, II pour décrire les « individus » autres <*reliqua Individua*> qu'humains, notamment dans le scolie de la prop. 13.

120 *« Quaestionem attinet, ea contradictionem supponit, mihique aeque videbatur, ad si quis rogaret : Si melius cum alicujus natura conveniret, ut seipsum suspenderet an rationes darentur, ut se non suspenderet ? »*, *L* 23.

– puisque connaître Dieu c'est s'approprier les rapports de causalité qui nous définissent et nous situent dans le monde – « ne sont qu'un instrument dans la main du divin ouvrier <*non sunt nisi instrumentum in manu Artificis*>, et un instrument qui sert à son insu et se détruit en servant <*quod inscium servit, et serviendo consumitur*> » : littéralement, il se consume, s'épuise, comme si même ses succès apparents épuisaient ses ressources propres – ainsi en est-il, du moins, pour Néron.

Le thème n'a en lui-même rien d'original, c'est plutôt l'affirmation nette, et sans appel, d'une contradiction entre le crime et la nature humaine, ainsi que le commentaire dont elle est assortie, qui le sont : non seulement le crime, même (et peut-être surtout) impuni ne saurait lui convenir, mais se comporter en criminel ou en suicidaire est, du point de vue des conséquences pour soi, absolument équivalent.

Plus que d'une contradiction, d'ailleurs, il s'agit d'une antinomie : le crime <*scelera*> et l'affirmation de la nature humaine relèvent de lois antagonistes, de causalités adverses, celle de la raison, d'une part, celle des causes externes contraires à notre nature, d'autre part. Spinoza étant fort bien placé pour savoir que le crime, pourtant, souvent triomphe, il faut en déduire que la consomption ou destruction qui frappe nécessairement le méchant n'a pas toujours la forme d'une mort physique : certes, il se trouve que le règne désordonné de Néron le conduit, *in fine*, au suicide, mais ce dernier n'est peut-être que la conséquence ultime, et extérieure, d'une agonie intérieure moins visible.

Nous avons pu émettre, ailleurs[121], à propos du poète espagnol et du désespéré, l'hypothèse d'une mort de l'âme[122], dont les causes peuvent être corporelles – ainsi le poète nous a-t-il semblé souffrir d'une maladie dégénérative du système nerveux – ou mnémo-affectives, c'est-à-dire animiques – le suicidaire relevant clairement de cette dernière catégorie. Faut-il alors considérer que des causes de même nature œuvrent, de manière plus ou moins souterraine, à la mort animique du méchant, ne fût-elle en apparence suivie d'aucune déroute objective ou infortune ? Ou bien l'extinction <*consumitur*> de son humanité peut-elle se produire sans impliquer une telle destruction mnémo-affective ?

121 Dans *Les causes de l'impuissance animique. Spinoza à la lumière de Freud* (à paraître).

122 Non, certes, de l'âme tout entière, puisque la part <*pars*>, en elle, qui est constituée d'idées adéquates, est éternelle ; mais de sa part animique. Ainsi, le corps peut être détruit sans mourir, et inversement, l'âme peut mourir – au sens où elle est dépossédée de tout ce qui la ratache à cette vie – sans être détruite.

Négations de la nature humaine

Pour tâcher progressivement de répondre à une telle question, il nous faut garder certains points à l'esprit : *primo*, une destruction <*destructio*> est, en langage spinoziste, un changement d'essence qui correspond moins à une disparition complète – physique ou mnémo-affective – qu'à ce que nous appelons une mutation destructurante (pour distinguer cette transformation <*mutatio*> d'une maturation ou mutation structurante). *Secundo*, dans le cas du suicidaire, c'est à *une* composante animique, certes essentielle, – le désir de vivre et l'amour pour la vie – que le désespoir commence par s'attaquer avant de contaminer, successivement, toutes les autres, jusqu'à affaiblir complètement l'*intellectus* et finalement, le corps lui-même.

Il est donc tout à fait envisageable que la perpétration de crimes <*scelera*> fasse porter la puissance des causes externes contraires à notre nature en un autre point (ou en plusieurs autres) chez le criminel, tout en provoquant insidieusement le même genre de conséquences. Nous le précisons afin de prévenir l'objection selon laquelle le désespéré, tout en se trouvant manifestement vaincu, en son *anima*, par la puissance de causes externes contraires à sa nature, ne perd pas son humanité : il ne la perd pas d'emblée, certes, mais l'on peut se demander ce qu'il en subsiste, une fois qu'il a perdu la vie.

La seule autre manière de comprendre, *primo* l'énoncé d'une telle contradiction entre le crime et la nature humaine, *secundo* l'équivalence, pour celui qui le commet, du crime et du suicide, serait de faire basculer Spinoza du côté d'une certaine littérature morale édifiante, celle que véhiculait sans doute les rabbins et pasteurs de son époque, sans forcément avoir vraiment les moyens théoriques de la défendre, l'évocation de la grâce ou du châtiment divin se substituant, pour le peuple auquel elle était destinée, à toute véritable argumentation. Spinoza ne pouvant se contenter de telles métaphores, autant l'accuser, au choix, d'hypocrisie ou d'angélisme, ce qui est irrecevable. Le lecteur de l'*Éthique* fait d'ailleurs aisément l'économie d'une telle contorsion, puisque « Le premier principe de la vertu est de conserver son être (…) et cela sous la conduite de la Raison[123] » : il n'est pas évident qu'elle ait été si limpide aux yeux de Blyenbergh.

123 « *Primum virtutis fundamentum est suum esse conservare (…) idque ex ductu rationis* », *E*, IV, 56, dém.

Il faut donc prendre au sérieux ces affirmations, et considérer qu'éteindre toute humanité en soi – toute aptitude à affirmer sa nature, spécifique aussi bien que singulière – est aussi grave et irrémédiable que s'ôter la vie. Avec une certaine superbe, néanmoins, Spinoza assume catégoriquement, et jusqu'à l'absurde, les implications éthiques de l'identification, qu'il vient de formuler, du bon (ou de « ce qui est vraiment utile <*quod vere utile est*>[124] ») et du bien :

> Supposons cependant qu'une telle nature puisse exister : je l'affirme alors (que j'admette ou refuse d'admettre le libre arbitre) : si quelque homme voit qu'il peut vivre plus commodément suspendu au gibet qu'assis à sa table, il agirait en insensé en ne se pendant pas ; de même qui verrait clairement qu'il peut jouir d'une vie ou d'une essence meilleure en commettant des crimes qu'en s'attachant à la vertu, il serait insensé, lui aussi, s'il s'abstenait de commettre des crimes. Car, au regard d'une nature humaine aussi pervertie, les crimes seraient vertu[125].

À un premier niveau, l'ironie qui émane de ces affirmations les invalide, c'est-à-dire annihile, en soulignant le caractère absurde des hypothèses dont elles procèdent, le contenu des affirmations qui en sont déduites : « si quelque homme voit qu'il peut vivre plus commodément suspendu au gibet qu'assis à sa table », « de même qui verrait clairement qu'il peut jouir d'une vie ou d'une essence meilleure en commettant des crimes qu'en s'attachant à la vertu », etc.

Pourtant, à bien y regarder, tout contenu affirmatif n'est pas invalidé, loin de là, car, même absurdes, les déductions qui s'ensuivent maintiennent le principe éthique de l'identité du bon et du vrai, de la vertu et de l'utile propre. Et la justification qui les accompagne, bien que sans appel, est plutôt étonnante sous la plume de Spinoza, car, outre qu'elle mobilise une catégorie qu'il n'utilise pas fréquemment, celle de perversion, elle semble redonner, de manière tout à fait inopinée, quelque crédit ou existence positive à la négation <*negatio*> : « Car, au regard d'une *nature humaine* aussi *pervertie*, les crimes seraient

124 *TTP*, V, § 8, p. 219.

125 *« Verum, ejusmodi dari naturam, sit possibile : tunc affirmo, (etiamsi liberum arbitrium concederem, sive non concederem) : si quis videt, se commodius in cruce posse vivere, quam mensae suae accumbentem, eum stultissime agere, si se ipsum non suspenderet ; et is, qui clare videret, se scelera patrando revera perfectiore et meliore vita, vel essentia, quam virtutem sectando, posse frui, is etiam stultus foret, si illa non faceret. Nam scelera respectu istiusmodi naturae humanae perversae virtus essent »*, L 23.

vertu <*Nam scelera respectu istiusmodi* naturae humanae perversae *virtus essent*>[126] ».

S'il est aisé de comprendre que disposer « d'une vie ou d'une essence meilleure <*revera perfectiore et meliore vita, vel essentia*> », c'est-à-dire d'une puissance rationnelle accrue, est synonyme de vertu, de sorte que prétendre accéder plus facilement à une telle perfection <*perfectio*> par le crime <*scelera*> est une contradiction dans les termes, l'inversion des valeurs évoquée ici ne nous semble pas relever d'une simple confusion : d'abord parce que chez Spinoza l'erreur, l'illusion, sont toujours sous-tendues par des mécanismes corporels et mnémo-affectifs. Ensuite, parce que la définition de la vertu implique d'emblée tous les individus humains, ce qui rend problématique l'idée d'une perversion de la nature humaine <*naturae humanae perversae*> : certes, tous ne sont pas vertueux, mais d'une certaine façon tous cherchent à l'être ou, du moins, ont originairement cherché à l'être, puisque tous cherchent à se conserver et ont besoin, pour cela, de leur raison.

Dans la logique du raisonnement que tient Spinoza en ce point de la *L* 23, un homme perverti perpétrant des crimes <*scelera patrando*> travaille aussi résolument à se détruire que celui qui se pend <*se ipsum suspendere*>, ce qui n'est, à première vue, pas évident. Comment comprendre alors cette inversion complète, et semble-t-il spécifiquement humaine, de la finalité universellement assignée au *conatus*, la persévérance dans l'être ? Et comment concevoir qu'un être humain soit, « à son insu <*inscium*>[127] », rendu à une telle extrémité ?

L'inversion des valeurs et de la finalité constitutive du *conatus*, pour se produire, n'a besoin que d'une effraction de la vie animique de l'individu par les causes externes contraires à notre nature, ainsi que cela se produit chez le mélancolique, l'anorexique, le suicidaire. Si elle peut avoir pour effet d'ôter le goût de la nourriture ou de la vie <*alimenta aversatur*>[128], elle peut aussi déséquilibrer la forme corporelle et animique de l'individu en se greffant à la tendance produite par une *titillatio* : c'est ce qui arrive au gourmand et à l'ivrogne, à l'avare, au libidineux.

Le crime requiert alors simplement, pour investir une âme <*anima*>, l'exagération et la conjugaison de ces mécanismes : d'un point de vue

126 Nous soulignons.
127 *L* 19.
128 *E*, IV, 20, sc.

affectif, une absence d'estime de soi <*acquienscentia in se*> – orgueil <*superbia*> ou bassesse <*abjectio*> – associée à un violent appétit pour les choses terrestres <*appetitus rerum terrenarum*>[129] : plaisirs, gloire ou pouvoir, richesse, pour reprendre la nomenclature du *TRE*. En effet, si l'appétit ou le désir constitutif de notre humanité, tourné vers la vertu <*virtutis appetitum*>[130], exprime la puissance d'un *conatus* conduit par la raison <*ex rationis ductu*>, l'exacerbation des convoitises communes n'a besoin que de la réfraction, par un *ingenium* particulier, de la puissance des causes externes dont l'individu n'est plus que « l'instrument <*instrumentum*>[131] ».

Nulle expression d'une essence négative donc, mais bien la négation de notre nature : le terme de *perversio* même, qui signifie le renversement (d'une construction) ou la falsification (d'un texte)[132] montre bien qu'il ne s'agit pas tant de substituer une nature à une autre que d'en abîmer ou détruire une. Nul besoin, d'ailleurs, pour cela, d'attendre qu'elle soit bien structurée : l'emprise la plus précoce est aussi la plus irrémédiable. Peut-on alors risquer, à partir de la figure symbolique de Néron, un exemple de genèse freudo-spinoziste du crime ?

DANS UNE PERSPECTIVE FREUDO-SPINOZISTE

L'un des points saillants, et convergents, des doctrines freudienne et spinozienne est l'affirmation que le désir préexiste à tout objet et que, loin d'être d'abord déterminé par lui, c'est lui qui l'élit et le constitue. Certes, toutes deux ne donnent pas le même sens à cette affirmation : pour Freud, il s'agit de comprendre comment, à partir des sensations et des situations vécues par le petit enfant, peut se mettre progressivement en place une structuration psychique singulière qui organise, répartit, subordonne l'énergie pulsionnelle chaotique originaire en des systèmes distincts quoique articulés. Pour Spinoza, qui met la logique affective au cœur de l'anthropologie, de l'éthique et de la politique, il s'agit dans *E*, III de construire une génétique des passions qui permette à l'homme de s'approprier le plus possible la puissance causale qui est la sienne ou de lutter, par la mise en œuvre d'institutions politiques appropriées à

129 *L* 21.
130 *Ibidem.*
131 *L* 19.
132 D'après le dictionnaire de F. Gaffiot.

l'histoire et à l'*ingenium* du peuple auquel elles sont destinées, contre les passions antipolitiques[133].

Considérée du point de vue des transformations <*mutationes*> qui conduisent de l'enfance à la maturité puis à la vieillesse, cette explication recèle aussi une valeur onto et phylogénétique[134] avant la lettre et des ressources thérapeutiques, soit en réaction à certaines formes d'impuissance, soit à usage prophylactique : cette dimension, omniprésente dans les analyses menées par Freud de la culture, de la psychologie des masses, de l'histoire, apparaît, dans l'*Éthique*, toutes les fois que Spinoza se réfère à l'enfance (de l'*infans* jusqu'à l'*adulescens*). En effet, l'enfance n'est pas ce avec quoi l'on peut rompre complètement mais ce qui continue de nous habiter et dont les mécanismes affectifs caractéristiques se retrouvent, à des degrés et dans des proportions divers, chez les adultes : simplement, ils y sont davantage dissimulés ou rationalisés au sens que Freud donne à ce verbe, c'est-à-dire justifiés après-coup <*Rationalisierung*>.

Du point de vue d'une telle interprétation, il est remarquable que, dans cette reconstitution génétique du déploiement passionnel à partir des trois affects primaires que sont le désir, la joie, la tristesse, la relation d'objet, c'est-à-dire l'investissement affectif de l'autre comme personne distincte, n'apparaisse qu'assez tardivement. P. Macherey, dans son *Introduction à l'*Éthique *de Spinoza*[135], a justement montré, il est vrai dans une perspective qu'il juge « structurale avant d'être génétique[136] », que ce n'est qu'à partir des propositions 14 à 16 que sont établis les mécanismes de « l'association » et du « transfert » conduisant progressivement à ceux du mimétisme affectif : de fait, la proposition 14 reconduit, au niveau de l'*anima*, le mécanisme des associations imaginaires constitutif de la mémoire énoncé dans la proposition 18, d'*E*, II. Les propositions 15 et 16 déclinent les conséquences affectives de son caractère éminemment subjectif, c'est-à-dire accidentel : c'est lui qui, lorsque l'individu

133 Voir à ce sujet P.-Fr. Moreau, *Spinoza. État et religion*, *op. cit.*, notamment les quatre premières études.

134 Au sens où elle permet de retracer les étapes de la genèse animique et intellectuelle de l'individu ou de l'humanité, sans comporter, cependant, le sens biologique, et notamment héréditaire, que Freud tend à lui conférer.

135 *La troisième partie. La vie affective*, Paris, PUF, 1995.

136 *Ibid.*, p. 131. On aura compris que nous sommes en désaccord sur ce point, jugeant que la perspective de Spinoza dans *E*, III est génétique avant d'être structurale, même si c'est bien au sens d'une reconstitution rationnelle et non, comme le formule P. Macherey dans le même passage, d'une « genèse empirique ».

cherche, sur un mode simplement imaginaire, à expliquer la variation de ses propres états, sera redoublé par l'assignation fantaisiste d'une causalité. Enfin, la proposition 17 explique l'ambivalence affective et les propositions 21 à 24 mettent en place la distinction entre situations duelles et triangulaires : or, c'est à partir de telles situations que se joue la différence entre envie et jalousie, séductions narcissique et érotique, identification et triangulation œdipiennes. Il semble alors possible de retrouver, dans l'ordre suivi par Spinoza, les grandes étapes que sont, dans une perspective freudienne, le narcissisme primaire et l'établissement de la relation d'objet.

Peut-on donc faire jouer de façon congruente les deux schémas théoriques de la structuration psychique ou mnémo-affective de l'individu, de manière à vérifier leur relative concordance, d'une part, et à davantage rendre compte de la différence entre Oreste et Néron, d'autre part ? Qu'implique exactement, dans ce cadre, la situation que semble avoir vécue Néron, celle de la transmission intergénérationnelle d'un inceste, et pourquoi n'est-il pas parvenu, malgré ses efforts, à échapper à l'emprise manifeste qu'Agrippine exerçait sur lui ? Pour la clinique psychanalytique, les psychoses, généralement en cause dans les cas d'inceste réel, « agi[137] », résultent beaucoup moins de l'interdit et de sa transgression que de son absence : notre hypothèse est que si cette dernière implique un défaut de structuration, la philosophie spinozienne comporte les éléments nécessaires pour approcher les configurations affectives où l'inceste se constitue. Tâchons donc de la vérifier.

Du narcissisme primaire à la relation d'objet

Dans la perspective freudienne, le nourrisson vit d'abord dans une relation fusionnelle avec son environnement qui implique l'indistinction du moi et du non-moi, du sujet et de l'objet, de l'intérieur et de l'extérieur : paradoxalement, c'est la perte de l'objet qui permet de le constituer, qu'il s'agisse pour le nourrisson de prendre la mesure de ses limites propres – physiques mais aussi psychiques, la séparation étant la première atteinte à l'illusion de la toute-puissance – ou pour l'enfant doué de parole de

137 Nous désignons par là une transgression en acte du tabou de l'inceste, par distinction d'avec l'incestuel, qui se définit comme inceste psychique. Voir à ce sujet P.-Cl. Racamier, *L'inceste et l'incestuel*, Paris, Dunod, 2010.

renoncer au premier objet d'amour, la mère, pour avoir la possibilité de se construire séparément, d'advenir à soi. Ainsi, avant même qu'intervienne la structuration œdipienne qui permet au psychisme enfantin de passer du narcissisme primaire à la relation d'objet, l'inceste, en creux, apparaît comme une indistinction mortifère : avant d'être abolition de la limite, au sens le plus littéral de ce qui permet à un *être* d'être *un* être, il est son absence. L'horizon de l'inceste, de manière paradoxale, est originaire : ce qu'il semble à la fois inévitable de désirer et impossible de désirer, à savoir le non-advenir à soi, à des degrés divers, par le maintien ou la prégnance de l'indistinction psychique, du lien fusionnel. Inévitable de désirer parce que la mère, par les soins qu'elle prodigue au nourrisson en est aussi la toute première séductrice, impossible de désirer car conserver telle quelle cette relation originaire est mortifère et que les tentatives de le faire, si du côté de l'enfant elles peuvent symboliser et manifester une phase de structuration œdipienne, semblent chez l'adulte bien plus dominées par la pulsion de mort que par Éros.

Ainsi, la prohibition œdipienne de l'inceste informe le psychisme enfantin et lui fournit la première condition de sa future reproduction : l'Œdipe est déjà une conquête, un résultat, plutôt qu'une donnée ou un point de départ. Pour procéder à un choix d'objet tendre et désirer entretenir des relations privilégiées ou exclusives avec ce dernier, encore faut-il avoir rompu avec la seule polarité jouissance/douleur caractéristique du lien fusionnel et l'avoir suffisamment atténuée pour s'être organisé en fonction du principe de plaisir/déplaisir : comme le formule André Green, « par le fait du refoulement, les états correspondant à des dispositions pulsionnelles brutes sont bannies (...). Le couple des extrêmes : jouissance/douleur, s'efface devant le couple plaisir/déplaisir[138] ». De l'un à l'autre, c'est le principe de réalité qui a commencé à s'imposer, et c'est l'échec d'un tel procès qui signe la psychose comme, à une étape ultérieure, c'est l'échec de la liquidation du complexe d'Œdipe, c'est-à-dire de son refoulement complet, qui signe la névrose. De la même manière que la névrose est « le négatif de la perversion *<das Negativ der Perversion>*[139] », le désir œdipien apparaît ainsi comme l'envers de l'inceste en acte, le

138 « La relation mère-enfant nécessairement incestueuse », dans *Incestes*, J. André (dir.), Paris, PUF, 2002, p. 29-40.

139 *Trois essais sur la théorie sexuelle <Drei Abhanlungen zur Sexualtheorie>*, *OCP*, VI, p. 99, *GW*, V, p. 65.

contraire d'une transgression. La célèbre métaphore freudienne des vestiges de la civilisation minoé-mycénienne sous-jacents à ceux de la culture hellénique signale cette importance du lien originaire à la mère – avec les contraintes du changement d'objet que cela va imposer à la fille au moment de la phase œdipienne.

Cependant, notre ébauche de confrontation des doctrines spinozienne et freudienne rencontre ici deux difficultés. La première est que la genèse chez Spinoza se fait à partir des trois affects primaires que sont le désir, la joie et la tristesse ; celle de Freud, à partir du remaniement du dualisme pulsionnel amorcé dans *Pour introduire le narcissisme* et complété dans *Au-delà du principe de plaisir*[140], met l'accent, non plus simplement sur le plaisir ou le déplaisir, mais sur l'amour et la haine. La différence semble, à première vue, peu importante dans la mesure où Spinoza définit l'amour et la haine directement à la suite de la joie et de la tristesse dont ils sont déduits ; ces dernières sont les formes affectives du plaisir et du déplaisir.

La deuxième difficulté est que ce déplacement de la polarité plaisir <*Lust*>/déplaisir <*Unlust*> vers celle de l'amour <*Liebe*> et de la haine <*Hass*> doit être compris à partir de la distinction pulsionnelle entre Éros et Thanatos, distinction impensable car contradictoire dans le cadre de la pensée spinoziste : un être ne peut comporter en lui-même les causes de sa propre destruction, cette dernière est toujours l'effet d'une causalité externe qui, certes, a des effets à l'intérieur du corps et de l'esprit de l'individu, mais qu'il ne fait que répercuter ou subir sans en être la source : « nulle chose ne peut être détruite sinon par une cause extérieure » établit la proposition 4 de la troisième partie de l'*Éthique*.

Chez Freud au contraire, la destructivité est originaire, d'un point de vue ontologique – la pulsion de mort <*Todestrieb*> est d'abord tendance au repos, au retour à l'état d'indistinction et d'absence de tension originel dont est issu le vivant en général – comme chronologique, au point même qu'à l'indifférence éprouvée par le nourrisson vis-à-vis du monde extérieur dans *La négation*[141] se substituera rapidement une violente hostilité sous forme de projection d'une partie des pulsions agressives et destructrices sur l'extérieur dans *Le problème économique*

140 *Zur Einführung des Narzissmus, OCP*, XII, *GW*, X, *Jenseits des Lustprinzip, OCP*, XV, *GW*, XIII.

141 *Die Verneinung, OCP*, XVII, *GW*, XIV.

du masochisme[142]. Pour le formuler schématiquement, l'importance de l'amour de soi est proportionnelle à la haine pour le non-soi dans la mesure où cette dernière est elle-même proportionnelle à la capacité de projection de la destructivité interne sur l'extérieur. Dans *Pulsions et destins de pulsions*, Freud affirmait déjà : « La haine, en tant que relation à l'objet est plus ancienne que l'amour ; elle prend source dans la récusation, aux primes origines, du monde extérieur dispensateur de stimulus, récusation émanant du moi narcissique[143] ».

Or, jusqu'à la fin Freud insistera sur le facteur quantitatif : c'est aussi l'importance et la force de la pulsion de mort qui sont déterminantes. *Le problème économique du masochisme* assignait d'ailleurs déjà explicitement à la pulsion de vie la tâche de juguler cette dernière en la liant, c'est-à-dire en se l'associant et en se la subordonnant, autant que possible, dans des motions libidinales. Ainsi, l'amour qui paraissait premier dans la relation fusionnelle originaire l'est en effet, mais s'avère foncièrement amour de soi, tandis que la perte de l'objet, condition de sa reconnaissance, semble devoir s'accompagner inévitablement de haine.

De son côté l'analyse spinozienne, si elle est exempte de toute pensée de la négativité interne, déduit néanmoins l'amour et la haine de manière concomitante, du moins en tant qu'ils sont amour et haine *pour des objets externes* : c'est le même passage du scolie de la proposition 13 de la troisième partie de l'*Éthique* selon lequel c'est en tant que l'âme *imagine* ce qui peut augmenter ou diminuer sa propre puissance d'agir comme celle du corps, qu'elle éprouve de l'amour ou de la haine. De ce point de vue, il n'y a nulle raison particulière d'affirmer le primat nécessaire de l'un sur l'autre puisque la cause de la joie ou de la tristesse, pour l'*infans*, est nécessairement externe, c'est-à-dire totalement hors de sa portée : la proposition 15 affirme d'ailleurs qu'« une chose quelconque peut être par accident cause de joie, de tristesse ou de désir ».

En revanche, si l'on prend en considération le fait que la relation à l'autre, ou à l'objet, n'intervient qu'après l'expérience vécue de l'amour et de la haine et la mise en place des « mécanismes de l'association et du transfert », de « l'ambivalence affective » et de « la projection temporelle

142 *Das Ökonomische Problem des Masochismus, OCP*, XVII, *GW*, XIII.

143 *« Der Haß ist als Relation zum Objekt älter als die Liebe, er entspringt der uranfänglichen Ablehnung der reizspendenden Außenwelt von seiten des narzißtischen Ichs », Triebe und Triebschicksale, Métapsychologie, OCP*, XIII, p. 186, *GW*, X, p. 231.

de l'affectivité » (nous reprenons les désignations de P. Macherey[144]), alors l'amour de soi et par suite la haine de ce qui n'est pas soi, c'est-à-dire de ce qui est susceptible de menacer le soi, sont bien eux aussi premiers, comme chez Freud, bien que cela s'opère en un sens simplement affectif et non pas pulsionnel. C'est d'ailleurs ce qu'impliquait d'emblée la définition même du *conatus* comme « essence actuelle <*actualem essentiam*>[145] » de la chose : l'effet de la persévérance dans l'être est nécessairement la joie qu'il y a à être ou à affirmer son essence, c'est-à-dire l'amour de soi, et suppose la haine envers ce qui nous en empêche, les manifestations de la causalité externe ainsi que la conscience de la tristesse qu'elles provoquent en faisant obstacle au *conatus*. De même, avant que soit élaboré son dernier dualisme pulsionnel[146], Freud affirmait à propos de la haine :

> En tant que manifestation de la réaction de déplaisir suscitée par des objets, elle demeure toujours en relation intime avec les pulsions de conservation du moi, de sorte que pulsions du moi et pulsions sexuelles peuvent facilement en venir à une opposition qui répète celle de haïr et aimer[147].

L'introduction de la pulsion de mort <*Todestrieb*> et non plus seulement d'autoconservation <*Selbsterhaltungstrieb*> constitue donc un point d'achoppement dans notre compréhension de l'inceste à partir de Spinoza et Freud. Pourtant, l'appréhension freudienne de l'affect comme processus de décharge semble rendre possible l'articulation d'un dynamisme des profondeurs avec celui que met avant Spinoza dans sa définition de l'affect, à la fois comme une modification du corps et l'idée de celle-ci : leurs monismes[148], tout différents qu'ils soient, conduisent tous deux de cette dimension à la fois corporelle et mentale à une genèse dynamique des affects.

---

144 *Introduction à l'*Éthique *de Spinoza. La 3e partie. La vie affective*, *op. cit.*, p. 159 et p. 169. Nous sommes évidemment redevable de ces analyses bien connues.

145 *E*, III, 7.

146 Opposant Thanatos et Éros, pulsions de mort <*Todestriebe*> et pulsions libidinales.

147 *« Als Äußerung der durch Objekte hervorgerufenen Unlustreaktion bleibt er immer in inniger Beziehung zu den Trieben der Icheraltung, so daß Ichtriebe und Sexualtriebe leicht in einen Gegensatz geraten können, der den von Hassen und Lieben wiederholt »*, *Pulsions et destins de pulsions* <*Triebe und Triebschicksale*>, *op. cit.*, *OCP*, p. 186, *GW*, p. 231.

148 S'il est permis d'utiliser de façon descriptive ce terme anachronique introduit par Christian Wolff.

Œdipe, Oreste et Néron

Résumons les faits tels que les historiens de l'antiquité – Flavius Josèphe, Suétone et Tacite – ont pu nous les transmettre : Néron n'a pas connu son père et il a 17 ans lorsque sa mère, Agrippine, convainc l'empereur Claude de l'adopter et de faire de lui, puisqu'il est plus âgé que son propre fils Britannicus, son successeur officiel, lui assignant ainsi une place d'usurpateur. Elle utilise ensuite son influence pour consolider le pouvoir de son fils, avant de se retourner brusquement contre lui. D'abord la maîtresse de son frère, Caligula, elle épouse finalement son propre oncle, Claude, puis est soupçonnée d'entretenir une relation incestueuse avec son fils. Un fait nous semble confirmer cette dernière allégation, à savoir le brusque changement qui se produisit, après cinq années de règne, chez Néron : faisant ses premiers pas dans la fonction politique sous la double tutelle de sa mère et de Sénèque, son précepteur, il est d'abord décrit comme un jeune homme calme, modéré, apprécié, dont le bilan politique est positif. Brusquement, il accumule des scandales retentissants qui provoquent son affaiblissement politique et son impopularité : il fait assassiner sa mère, dont le poids politique l'entrave, puis sa femme (dont, comme par hasard, Agrippine l'a empêché de divorcer, tandis qu'il était soutenu dans cette tentative par Sénèque et le préfet du prétoire Burrus), ceci afin de pouvoir faire de Poppée, l'épouse de son meilleur ami, Othon, sa maîtresse puis son épouse, ce qui ne l'empêchera pas de l'assassiner à son tour alors qu'elle était enceinte de lui et qu'en 14 années de règne il n'avait pas réussi à avoir d'héritier, mais un seul enfant, une fille. À l'appui de notre hypothèse, il y a là une trajectoire qui rappelle curieusement celle de Périandre[149], sexuellement séduit par sa mère, qui voulait, ainsi que le formule Paul-Claude Racamier « conserver tout à elle ce fils qui lui échappait » : « le jeune roi sage qu'il avait été » devint alors « un tyran sanguinaire et pervers[150] ».

D'un point de vue spinoziste, Néron subit, jusqu'à ce qu'il se suicide, une altération, un délitement progressifs de sa puissance qui le rendent incapable, malgré ses efforts, de toute « récupération » de son propre être,

149 Roi de Corinthe, rangé « parmi les sept sages de la Grèce antique » avant de « finalement devenir un abominable tyran, un pervers fou », ainsi que le résume P.-Cl. Racamier dans *L'inceste et l'incestuel*, *op. cit.*, épilogue : « Histoires d'incestes », p. 164-165.

150 *L'inceste et l'incestuel*, *op. cit.*, prologue, p. X-XI.

de ses rapports constitutifs, au point que lorsqu'il manifeste enfin ses désirs propres, c'est encore sur le mode maternel, comme si sa façon d'être extérieurement déterminé était elle-même altérée, à peine susceptible, ou en partie seulement, de manifester un pouvoir d'être affecté qui soit bien le sien, qui ne soit pas simplement l'écho, l'imitation, d'un pouvoir autre. Quelque chose, accidentellement issue de la causalité externe, s'est produit qui l'a mis hors de tout état raisonnable : son impuissance est telle qu'il ne semble pouvoir qu'être affecté et affecter à son tour selon la même modalité que sa mère, comme s'il ne pouvait, au mieux, que répercuter une causalité qu'il n'a pas les moyens de comprendre ni de juguler.

D'un point de vue freudien, exactement comme Agrippine avant lui, Néron transgresse les deux interdits fondateurs de toute culture[151], ceux du meurtre et de l'inceste, pour s'emparer d'un « objet » – Octavie puis Poppée – dont il finit pourtant, en le détruisant, par s'interdire la possession et les bénéfices escomptés (la pérennisation du pouvoir, un possible héritier), comme sous la forme d'une condamnation rétroactive, soit qu'il ait atteint un point irréversible de désorganisation interne, soit que la perte de son entourage psychotisant ait fini par empêcher le maintien du déni de ses actes et de leur portée.

Dans *La perte de la réalité dans la névrose et dans la psychose*[152], Freud rappelle que si dans la névrose le moi se soumet à la réalité tandis que dans la psychose il est dominé par le ça, il y a pourtant dans la névrose une tentative de fuite de la réalité que la psychose elle, va tout bonnement reconstruire : plus exactement, la psychose la dénie, tandis que la névrose s'efforce de n'en rien savoir[153] pour se réfugier dans le fantasme comme « substitut de la réalité ». Mais cette possibilité n'existe pas pour le psychotique : loin de fantasmer, il agit ses désirs sans jamais s'interroger sur leur signification. Néron semble s'être trouvé dans cette situation : il a « agi » ses désirs et n'a cessé de les agir de plus en plus,

151 *Totem et tabou. Quelques concordances dans la vie d'âme des sauvages et des névrosés <Totem und Tabu. Einige Übereinstimmungen im Seelenleben der Wilden und der Neurotiker>, OCP*, XI, *GW*, IX et *L'homme Moïse et la religion monothéiste <Der Mann Moses und die monotheistische Religion>, OCP*, XX, *GW*, XVI.

152 *Der Realitätsverlust bei Neurose und Psychose, OCP*, XVII, *GW*, XIII.

153 La névrose procède par simple dénégation vis-à-vis d'une réalité dont elle a conscience, tandis que la psychose accomplit un véritable déni : la réalité, dépourvue d'existence indépendante et désolidarisée de toute appréhension commune ou objective, n'est que ce qu'elle décrète ou imagine.

car il ne souhaitait pas savoir ce qu'il agissait, ni quel sens par rapport à son origine sexuelle avait le fait de coucher avec sa mère. Or, sa situation ne pouvait aller qu'en s'aggravant puisque, une fois Sénèque condamné par lui au suicide et Burrus écarté, personne autour de lui ne l'aidait plus à le savoir, bien au contraire. Son suicide final est certes d'abord un geste politique auquel il est acculé pour échapper à la torture et à une exécution à la fois infamante et certaine ; mais d'un point de vue psychique c'est peut-être aussi la seule échappatoire qui lui serait restée de toute façon, tôt ou tard, à un moment où trop de preuves accumulées devenaient susceptibles d'empêcher le maintien du déni.

Ainsi Freud, avec des analyses différentes, aboutit à la même conclusion que Spinoza : le criminel qui souffre de psychose paranoïaque se détruit bel et bien lui-même en détruisant les autres, car c'est là la seule manifestation de sa puissance propre que le jeu de la causalité externe et interne lui a accordé ; mais à l'idée, formulée par Spinoza, d'une dénaturation il faudrait alors ajouter celle, qui ne l'exclut nullement, d'un quasi non advenir à soi, ou du moins, dans le cas précis de Néron (paranoïaque et non pas schizophrène) d'un devenir à soi très partiel, amputé par une régression psychotique qui a eu pour effet d'abolir presque entièrement la quantité de puissance singulière qu'il avait réussi, jusqu'à 22 ans, à affirmer.

Quant au parent, soit pervers, soit psychotique, qui commet l'inceste avec son enfant, il satisfait, telle Agrippine, moins des pulsions érotiques ou libidinales, au sens où il désirerait sexuellement son enfant ou serait « amoureux » de lui, que de mort : pulsions de répétition, pulsions d'emprise, pulsions agressives et destructrices qui lui permettent de rejeter sa propre destructivité sur l'extérieur et prennent la forme, pour reprendre les propres mots de Freud, d'une « volonté de puissance <*Wille zur Macht*>[154] ». La causalité ultime en cause ici n'est pas celle, spinoziste, d'une causalité externe subie trop tôt pour que l'individu ait jamais pu faire autre chose qu'en être affecté et la répercuter à son tour, mais bel et bien celle du « domptage de la pulsion de mort par la libido <*Bändigung des Todestriebes durch die Libido*>[155] », c'est-à-dire du sadisme originaire.

Cependant, la mise en place puis la liquidation plus ou moins réussie du complexe d'Œdipe ont pour effet, durant le procès d'individuation et

154 *Le problème économique du masochisme*, *op. cit. OCP*, p. 16, *GW*, p. 376.
155 *Ibidem.*

de structuration psychiques, l'émergence de la conscience morale, voire parfois, si le surmoi s'avère implacable, la domination d'une hypermorale ou « surmorale <*Übermoral*>[156] » : rien de tel dans la transgression incestueuse en acte. Nous sommes même très loin d'Œdipe, dont il faut bien rappeler que c'est sans le savoir ni avoir les moyens de le savoir qu'il tue son père et épouse sa mère : il éprouve d'ailleurs pleinement l'horreur du désir incestueux qui l'amène à se crever les yeux et à devenir mendiant. De même Rébecca West, du nom de celui qu'elle croit d'abord n'être « que » son père adoptif et ancien amant, personnage de la pièce d'Ibsen *Rosmerholm*[157] analysé par Freud dans *Quelques types de caractères dégagés par le travail psychanalytique*[158], ne passe à l'acte que dans l'ignorance initiale de sa filiation paternelle. Elle souffre de ses désirs refoulés et cherche à les méconnaître, mais elle ne les « agit » pas car elle serait alors contrainte, pour conserver son lien à la réalité, de les voir en pleine lumière, ce qui de fait lui arrive à la fin de l'histoire et la submerge elle aussi d'une culpabilité accablante.

Ainsi, pour Spinoza comme pour Freud, l'idée de nature humaine fait sens dans la mesure où elle désigne un large éventail de mécanismes causaux spécifiques qui relèvent de grandes lois naturelles universelles ; mais elle n'a rien d'une donnée figée et achevée, elle est toujours modalisée et travaillée de façon singulière, et si le degré de puissance et de structuration avec lequel elle se manifeste varie tant en intensité que dans sa forme, c'est bien parce que, pour l'un comme pour l'autre auteur, le procès d'individuation, quoique nécessaire, entrecroise des mécanismes intrapsychiques et intersubjectifs qui ne se nouent pas dans un milieu neutre et homogène mais dans des conditions données qui contribuent, elles aussi, à nous façonner. Reste que l'analyse du lien de filiation peut peut-être nous permettre de comprendre pourquoi, dans la perspective spinoziste, la répercussion par Néron d'une causalité externe prend bel et bien la forme d'une imitation ou d'une répétition : il est frappant qu'il reproduise systématiquement les procédés et les modalités d'actions brutales et meurtrières de sa mère et Spinoza, qui disposait de la culture latine de tout savant de l'époque et avait suivi les cours de Van den Enden, ne pouvait l'ignorer.

156 *Ibid.*, *OCP*, p. 21, *GW*, p. 381.
157 Paris, éditions du Porte-Glaive, 1994, trad. J. Bollery et M. Gravier.
158 *Einige Charaktertypen aus der psychoanalytischen Arbeit*, *OCP*, XV, *GW*, X.

Identité et filiation

La *Lettre* 17 à Pierre Balling, dans laquelle Spinoza répond à un père endeuillé qui l'interroge sur la possibilité qu'une de ses perceptions – rêve ou hallucination – ait été prémonitoire de la mort de son fils, est sans doute le passage de l'œuvre de Spinoza qui s'apparente le plus à une définition de la filiation, dans ses dimensions physique et mentale. Mais comme il répond à un homme plongé dans le chagrin, c'est évidemment la *bonne* relation de filiation qu'il est amené à analyser ; à charge donc pour nous de tenter de déduire, *a contrario*, quel type de relations de filiation peut émaner d'une nature « pervertie <*naturae humanae perversae*>[159] ». Bien que passionnante, la question du « présage <*omen*>[160] » n'est pas centrale pour notre propos : en revanche, la façon dont Spinoza en justifie la possibilité en faisant intervenir certains des éléments de son système est à double niveau. Le premier, très rationnel, constitue la réponse d'un savant à un autre. Le second, psychologique et éthique, prend la forme d'une consolation semi implicite qui témoigne, à notre sens, de l'estime de Spinoza pour Balling. En effet, point de réconfort ordinaire mais une démonstration : vous avez bel et bien eu un rêve ou une hallucination prémonitoire et cela prouve la qualité de votre attachement à votre fils ; vous étiez donc un bon père.

En quoi consiste donc cette surprenante démonstration ? Spinoza commence logiquement par faire procéder le présage de l'imagination, mais au lieu que cela le discrédite en tant que tel, il s'ensuit une analyse de la singularité de la causalité imaginative comme constitutive de renseignements fiables non pas d'emblée sur l'avenir, mais sur les corps dont elle exprime la rencontre : jusque-là, rien qui n'ait déjà été dit dans le *TRE* et qui ne soit développé dans l'*E*. C'est au moment où Spinoza fait intervenir les âmes comme idées des corps en question et les essences singulières qu'âme et corps expriment, que le propos fait intervenir proprement l'idée de filiation, et ce en plusieurs étapes : le présage perçu par Balling (les gémissements imaginaires de son fils encore en bonne santé), bien qu'il fasse intervenir les deux, est moins imputable à sa constitution corporelle <*corporis constitutio*> qu'à celle de son âme <*mentis* ou *animae constitutio*> : en dehors du sommeil, puisqu'il

159 *L* 23.
160 *Ibidem.*

venait de se réveiller et allait ensuite se rendormir, nulle cause physiologique particulière (maladie, fièvre) n'est intervenue. Dès lors, loin que son imagination ait engendré une connaissance du premier genre, ainsi que cela se produit le plus fréquemment, il faut ici renverser le rapport : c'est la connaissance qu'il détenait de son fils qui a engendré le contenu imaginaire ainsi qu'il advient toujours dans l'âme quand, « ainsi que nous en faisons l'expérience, elle suit en tout les traces de l'entendement, enchaine et ordonne ses images [et ses mots][161], comme l'entendement ses démonstrations[162] ».

C'est donc qu'à toute intellection s'adjoint un processus figuratif ou représentatif nécessaire dans la mesure où toute idée exprime, pour reprendre la formule de G. Deleuze, une « grandeur intensive », c'est-à-dire est sous-tendue par des rapports entre affects qui seront, dans des proportions et à des degrés divers, tantôt plutôt passifs et tantôt plutôt actifs. Pour n'être pas simple intellection abstraite mais véritable compréhension, la connaissance doit se traduire par une intégration de l'intelligibilité qu'elle saisit et par conséquent, un remaniement des rapports affectifs qui la sous-tendent dans le sens d'une plus grande activité : c'est, nous semble-t-il, le processus auquel se réfère ici Spinoza.

Mais le présage de Balling n'a pu être véritable que parce que s'ajoutait à ce procès rationnel une autre condition : « un père, dirai-je (pour prendre un exemple tel que vous-même), aime son fils de telle façon que lui-même et le fils qu'il chérit font un seul et même être[163] » : voilà qui serait ambigu et même inquiétant si Spinoza ne précisait peu après : « Et comme il doit y avoir nécessairement dans la pensée (ainsi que je l'ai démontré ailleurs) une idée [des affections de l'essence propre au fils][164] et de leurs conséquences, que d'autre part, en raison de son union avec son fils, *le père est une partie du fils*, il est nécessaire aussi que l'âme du père participe de l'essence idéale du fils, de ses affections et de leurs conséquences ; cela aussi je l'ai plus complètement démontré ailleurs[165] ».

161 Nous faisons cet ajout conformément au texte latin.

162 *« quandoquidem, ut experimur, intellectus vestigia in omnibus sequitur, et suas imagines, ac verba ex ordine, sicuti suas demonstrationes intellectus, concatenat et invicem connectit »*, *ibid.*

163 *« nempe, pater (ut tui simile adducam exemplum) adeo filium suum amat, ut is, et dilectus filius quasi unus, idemque sint »*, *ibid.*

164 Nous modifions la traduction de Ch. Appuhn, qui dit : « une idée de l'essence des affections propres au fils ».

165 *« Et quoniam (juxta id, quod alia occasione demonstravi) filii essentiae affectionum, et quae inde sequuntur, necessario in Cogitatione dari debet idea, et pater, ob unionem, quam cum filio suo habet,*

La lettre est datée du 20 juillet 1664 : Spinoza se réfère donc probablement soit au *Court traité*, dans lequel se trouvent maintes analyses de l'amour et des autres passions, soit à ce qu'il appelle dans la correspondance sa « philosophie », dont il avait pu commencer la rédaction, et qui deviendra l'*E*. Or, dans les deux cas se trouve affirmée l'unité substantielle des attributs divins : il est donc nécessaire que l'idée de « l'essence propre au fils » aussi bien que celle de ses « affections et de leur conséquences » existent à titre de spécification modale, parmi une infinité d'autres, de l'attribut « pensée ». Mais en même temps, comme du point de vue des causes efficientes et non plus des essences, le père est bien cause prochaine de l'existence du fils, il est logique aussi qu'il soit « une partie du fils » : les lois singulières du fonctionnement affectif des modes ne cessent de se spécifier de manière singulière au fur et à mesure que les modes s'engendrent – psychologiquement aussi bien que physiquement – ou, pour le dire autrement, l'essence du fils est une spécification de celles de ses parents. Le rapport de filiation tel qu'il est expliqué ici superpose donc à une genèse ontologique des essences singulières une genèse affective de leur ressemblance et de leur proximité en acte : l'âme du fils a emprunté au père une partie des lois de son fonctionnement propre, singularisées et non simplement reproduites, du fait même de leur appropriation.

A contrario, c'est alors l'impossibilité ou la difficulté d'une telle singularisation qui viendrait signaler une mauvaise relation de filiation : or, qu'est-ce qui pourrait bien la provoquer sinon la difficulté ou le refus du père de la laisser s'opérer, soit qu'il veuille invertir le rapport normalement constitutif de lui-même comme de son fils en cherchant à faire de ce dernier *une partie de lui-même*, cette inversion éthique étant typique d'une « nature pervertie <*naturae humanae perversae*> » ; soit que les conflits qui peuvent émailler la relation filiale signalent une difficulté du fils lui-même à s'affirmer : mais on ne voit guère comment l'un pourrait aller sans l'autre, même si ces difficultés ne sont pas forcément pathologiques mais peuvent marquer des étapes nécessaires du développement de l'enfant.

Reste qu'en filigrane se dessine bien avant la lettre ce que peut être l'inceste, ou l'incestuel : la difficulté d'une différenciation, d'une démarcation, entre des êtres peinant à affirmer adéquatement leurs essences ; un dangereux état d'immaturité, le maintien indu d'un rapport archaïque

---

pars *memorati* filii est, *etiam necessario patris anima de essentia ideali filii, et ejusdem affectionibus, et iis, quae inde sequuntur, participare debet, ut alibi prolixius demonstravi* » (nous soulignons).

que les analyses de Freud formulent en des termes très différents : moi plutôt qu'essence, lien fusionnel originaire plutôt qu'appartenance du parent à l'enfant, structuration psychique plutôt que spécification modale, narcissisme pathologique plutôt que nature pervertie, même si à chaque étape de ce procès d'individuation les deux auteurs insistent à la fois sur un déterminisme naturel absolu et sur la variété infinie des modalités et des degrés d'effectuation de ces grandes étapes.

Lorsque Spinoza, dans une formule très dense, décrète que Néron « s'est montré ingrat, impitoyable et insoumis *<ingratum, immisericordem, ac inobedientem>* », précisant aussitôt : « Aucun de ces caractères n'exprime quoi que ce soit d'une essence, et, par suite, Dieu n'en est pas cause, bien qu'il le soit de l'acte et de l'intention de Néron[166] », il anticipe, en utilisant un langage privatif qui vise pourtant des choses bien réelles, sur ce qui fera, pour une bonne part, l'objet des analyses freudiennes : non pas ce par quoi nous exprimons notre essence mais ce par quoi nous exprimons à notre insu, ou malgré nous, ce qui n'en relève pas. L'inceste comme transgression en acte et l'incestuel comme séduction narcissique instrumentalisante et aliénante constituent indubitablement des figures d'une causalité que leurs protagonistes sont incapables de connaître et de surmonter. La prohibition de l'inceste, qu'elle soit le fruit de lois naturelles et/ou de l'expérience humaine, est donc bien là pour nous en protéger. Reste que l'on tend à oublier que du fait de la bisexualité originaire de l'enfant, le complexe d'Œdipe, à la fois positif et négatif, entremêle tout un jeu d'identifications et de motions tendres aussi bien pour le père que pour la mère, qui contribue à expliquer la diversité des structurations auxquelles il est susceptible de donner lieu (à des degrés variables). Enfin, si Freud a pensé le complexe d'Œdipe comme une loi nécessaire et universelle (à la fois parce qu'il se défendait de la suggestion et que cela lui semblait un gage de scientificité), ses successeurs l'ont compris progressivement comme une structure à acquérir (parmi d'autres possibles) voire, actuellement, comme un modèle susceptible d'induire favorablement une structuration psychique durant le travail de perlaboration analytique chez des personnes souffrant de blessures narcissiques[167].

166 « *Certum autem est, nihil horum aliquid essentiae exprimere et idcirco Deum eorum etiam non fuisse causam, licet causa actus, et intentionis Neronis fuerit* », *ibid.*

167 Voir à ce sujet A. Green : « La relation mère-enfant, nécessairement incestueuse », *op. cit.*, et C. Seulin : « L'horizon œdipien des blessures narcissiques identitaires » in *Filigrane*,

Il n'en demeure pas moins que « le choix d'objet tendre » qu'il implique à titre de fantasme n'a pas grand-chose à voir avec l'incestuel ou l'inceste comme transgression en acte : on pourrait presque aller jusqu'à dire qu'il en est l'opposé.

Revenons brièvement, pour finir, sur le statut de la nature humaine telle qu'elle est évoquée dans la *L* 23 : bien que l'idée de sa perversion <*naturae humanae perversae*> ne renvoie à aucune essence ou contenu positif mais serve à illustrer la négation de ses aptitudes spécifiques et, en particulier, la manière dont le *conatus* peut être conduit par les causes externes à viser, à son insu, un but tout à fait contraire au sien, elle peut sembler, sinon substantialiser la nature humaine, du moins définir une échelle relativement fixe des variations et des mutations auxquelles l'individu peut s'exposer tout en restant humain. Qu'en est-il ?

La réponse nous semble résider dans la manière dont, tout au long de cette correspondance avec Blyenbergh, Spinoza n'a eu de cesse, d'une part, de définir la vertu par le type d'appétit et de désir qu'elle met en œuvre, d'autre part, l'humanité par la vertu : une fois de plus, et comme il le fera dans l'*Éthique*, Spinoza, en mettant l'affect en avant, récuse d'avance le cadre rigide et normatif des « définitions générales <*generales definitiones*>[168] ». De la sorte, non seulement il rend possible la pensée d'une gradation entre animalité et humanité ou humanité et inhumanité, mais l'espace théorique requis pour concevoir la diversité et la complexité singulière est ouvert. Ni la forme humaine <*externam hominum figuram*>[169], ni l'affect ne suffisent à définir l'humanité : on peut d'ailleurs concevoir, à la limite, des parentés de forme et d'affect entre des espèces différentes. Inversement, ni l'absence de forme humaine, ni celle du mimétisme affectif, ni le crime ne suffisent à définir l'inhumanité : celui qui ignore ou bafoue la vertu n'a pas à en être exclu, car l'action des causes externes s'exerce sur tous et le sage lui-même eût pu être tout autre si les circonstances s'étaient opposées à l'advenir de sa puissance propre. Mais l'humanité implique, comme condition *sine qua non*, que l'altérité n'empêche pas l'imagination de la similitude, ni la similitude l'établissement et la reconnaissance de la distinction.

---

vol. 19, printemps 2010.

168 *L* 19.

169 *Ibid.*

CONCLUSION

Dans sa correspondance avec Blyenbergh, Spinoza analyse le mal à la fois comme une représentation commune et comme une réalité digne d'intérêt et susceptible d'être philosophiquement élaborée, bien que ne lui corresponde à proprement parler, dans le champ de sa philosophie, pas de concept positif ou logique unique.

Comme représentation, il est nécessairement porteur du prisme imaginaire qui a présidé à sa production, ainsi que toute catégorie véhiculée par le langage : aussi revêt-il illusoirement une consistance ontologique, de même que sur le plan anthropologique il semble révélateur de l'imperfection de la nature humaine et, sur le plan moral, d'une intentionnalité libre[1] (humaine ou surhumaine), donc de perversité. Ce prisme imaginaire, parallèlement, ôte à la positivité des êtres et des essences sa pleine portée par une présentation négative : c'est ce que montre, en particulier, la double distorsion relevée par Spinoza dans le mythe du péché originel. Non seulement la vérité (divine ou naturelle) s'y trouve transformée en commandement, comme si elle était quelque chose que l'on peut choisir, c'est-à-dire accepter ou refuser – ce qui complique tout de même la tâche de la comprendre –, mais l'ignorance native <*innatum statum ignorantiae*>[2] d'Adam y apparaît comme une décision, et ses effets, comme un châtiment. De même, l'accès à la moralité commune se traduit-il d'abord, tant que la réorganisation affective opérée, sur le long terme, par une véritable compréhension de soi, de la nature et des interactions que nous avons avec les autres, n'est pas effectuée, par un sentiment de culpabilité ou d'imperfection qui n'est que l'effet, appelé « conscience morale », en notre *anima*, de la contention que la moralité opère sur les appétits <*appetitus*> et les élans <*impetus*> du corps, et de l'éloignement qui sépare notre nature réelle et actuelle de la définition

1 C'est-à-dire procédant d'un libre arbitre.

2 *E*, I, appendice.

abstraite et générale, à laquelle elle nous enjoint de souscrire, d'un « homme parfait <*hominem perfectum*>[3] ».

C'est là l'absurde logique de l'anthropomorphisme dont Blyenbergh, homme d'action qui cherche à résoudre les difficultés morales insolubles que lui pose son adhésion aussi bien à la croyance calviniste en la double prédestination qu'au cartésianisme exposé dans les *PPD*, s'efforce, sincèrement mais en vain, de se libérer. Pourtant, il a foi en la conduite humaine et défend des thèses que Spinoza, dans *E*, IV, juge fausses mais utiles : ainsi à propos de la nécessité du repentir <*paenitentia*>, de la commisération <*commiseratio*> ou de la honte <*pudor*>, qui sont utiles à la cité[4]. S'ils ne peuvent pourtant, tous deux, finalement que diverger, c'est parce que Blyenbergh défend la justification métaphysique de ces passions tristes, ce que Spinoza ne peut pas accepter. Parallèlement, il entend le même type d'interrogations dans son propre milieu : derrière la question du mal, c'est en réalité le problème moral de l'action que soulève Blyenbergh, en des termes qui ne peuvent que l'intéresser ou du moins, le disposer favorablement à lui répondre, puisqu'il cherche à savoir comment articuler une théologie déterministe et une morale de l'action qui est celle de Descartes résumée dans les *Principes.*

De ces derniers, d'ailleurs, de manière révélatrice, Blyenbergh ne cite que les quelques passages qui portent sur la conduite humaine, tandis qu'il ignore complètement le reste, notamment les théories physiques, qui en constituent pourtant le plus important. La question du salut ou de la perdition, qui le hante, est, en termes luthériens ou calvinistes, celle de l'intelligibilité du hasard, déterminé mais inaccessible à la compréhension humaine, par lequel un être humain est conduit à pratiquer la vertu ou à la bafouer, à affirmer ses aptitudes propres ou à les ignorer : dans les termes de l'éthique spinozienne, c'est celle de la possibilité de s'en emparer (par la connaissance adéquate de la nécessité) et de l'infléchir à notre convenance.

Dans la perspective qui est celle de la représentation commune du mal, la distinction opérée par Spinoza entre privation <*privatio*> et négation <*negatio*> montre particulièrement bien les conséquences néfastes que produit l'imagination en régime passif, mais aussi, paradoxalement, les possibilités d'invention, d'intervention avisée et d'anticipation prudente

3 *L* 23.
4 *E*, IV, 50, 54, sc. et 58, sc.

qui sont les siennes en régime actif. En effet, Spinoza lui-même ne cesse de les illustrer par l'ensemble des gestes pédagogiques, philosophiques et éthiques par lesquels il les combat, et ce n'est pas là le moindre intérêt de cet échange épistolaire que de nous donner à voir, ainsi, l'*ingenium* spinozien en acte. La comparaison <*comparatio*> est à l'origine de croyances chimériques et douloureuses dont elle peut pourtant, utilisée à rebours des opinions et préjugés communs, permettre aussi de neutraliser les effets : en cherchant à conférer une signification à un sort contraire et en forgeant d'innombrables fictions – liens de causalité, normes générales, évaluations judicatives –, l'imagination, en régime passif, épouse l'efficience des causes extérieures qui sont contraires à la nature humaine. En leur substituant d'autres images, incongrues ou inattendues, d'autres exemples et en opérant des déplacements de la discussion qui lui permettent de mettre en évidence les liens de causalité adéquats, Spinoza sollicite l'activité imaginative et intellectuelle de ses interlocuteurs[5] et cherche à apaiser leur inquiétude morale, leur angoisse.

Mais cette distinction signifie aussi que tout être, quel qu'il soit, demande à être défini et considéré à partir de lui-même : ce qui importe fort à tous ceux qui, en raison de leur appartenance à un groupe minoritaire ou dominé, ou de caractéristiques propres qui sont perçues et jugées comme autant de stigmates, se voient rejetés à la marge des définitions générales comme des sociétés. Si la privation n'est qu'une façon de penser, un être imaginaire[6] ou de raison <*ens rationis*>, la vraie définition d'une chose ne peut être négative. De ce point de vue, on peut se demander si Spinoza, en rangeant, dans le *TP*, les femmes et les serviteurs du côté d'une minorité intellectuelle engendrée par la soumission et la dépendance, ne les réduit pas quelque peu à leur servitude. Certes, c'est justifié[7] dans la mesure où son propos est alors de considérer à la fois

5 Il procède de la même façon avec P. Balling.

6 *Cf. E*, I, 15, sc. : « la quantité est conçue par nous en deux manières : savoir *abstraitement, c'est-à-dire superficiellement, telle qu'on se la représente par l'imagination*, ou comme une substance, ce qui n'est possible qu'à l'entendement <*quantitas duobus modis a nobis concipitur*, abtracte scilicet, sive superficialiter, prout nempe ipsam imaginamur, *vel ut substantia, quod a solo intellectu sit*> » (nous soulignons).

7 Ainsi que le montre très bien A. Matheron dans « Femmes et serviteurs dans la démocratie spinoziste » (*in Études sur Spinoza et les philosophes de l'âge classique*, *op. cit.*), Spinoza n'entend nullement, par « *servili aliquo officio* toute occupation dont la "bassesse" tend à empêcher ceux qui l'exercent d'accéder aux vertus exigées par la qualité de citoyen » (p. 291) et considère que « l'éducation des femmes est destinée à les adapter au rôle

les statuts et les droits auxquels peuvent prétendre les membres d'une libre République, mais femmes et serviteurs s'en trouvent relégués, de fait, dans l'indistinction d'une catégorie générale dont ils semblent ne pouvoir se dégager. Aller contre les opinions et préjugés communs, en l'occurrence, aurait peut-être plutôt consisté à revendiquer pour eux une éducation. Il est vrai que le *Traité* est inachevé, et que nous ne savons pas ce qu'en aurait dit, ou pas, Spinoza par la suite.

Pour autant, toute idée commune ne doit pas être balayée : si le statut de la responsabilité est, à bien des égards, celui d'une fiction utile, son caractère utile nous semble l'emporter sur son caractère fictif. En effet, comme le repentir, la pitié ou la honte, en circonscrivant la gamme des comportements acceptables[8], elle sollicite l'imagination et l'entendement dans le bon sens, celui d'une plus grande activité et d'une convenance commune. En outre, la pensée des nuances et des degrés déployée par Spinoza nous incite à la prudence : plutôt qu'à en nier, purement et simplement, la réalité chez la plupart des hommes, nous serions portés à faire valoir qu'elle doit logiquement être proportionnelle à leur degré de liberté, d'une part, et que l'accès à la moralité commune *<pieta>*, qui caractérise, sans l'achever, toute entreprise éducative, constitue un seuil atteint par beaucoup.

Cet accès à la moralité commune, néanmoins, n'est pas irréversible : lorsque les sociétés entrent en crise et doivent affronter les bouleversements de l'histoire, les tensions affectives et animiques subies par les individus sont susceptibles de les faire régresser : affaiblis ou déstructurés, ils ne savent plus que penser et sont prêts à se tourner vers quiconque paraîtra suffisamment le savoir à leur place[9]. La contagion affective abolit les frontières individuelles et pétrifie les intellects : c'est sans doute lorsqu'ils font animiquement corps que les individus sont le moins susceptibles de pensée propre. Cette dimension est, d'ailleurs, d'autant plus problématique qu'ils peuvent également intérioriser, ainsi que Balling et, par

subordonné qu'elles ont à jouer » (p. 299), ce qui implique d'imputer les inégalités davantage à la culture qu'à la nature. Mais il admet qu'« Il y a "quelque chose", dans la nature des femmes, qui les désavantage dans le jeu des rapports de pouvoir » (p. 300), ce qui revient à les définir négativement, même si dans l'*E* il ne les exclut nullement de la communauté des individus libres. Freud a produit un type de définitions analogue en faisant de l'absence de phallus, de la passivité ou de l'identification à l'objet du désir des déterminants clés de la sexualité féminine.

8 *E*, IV, 54, sc. et 58, sc.

9 *TTP*, préface.

hypothèse, Blyenbergh nous l'ont appris, non seulement des personnes vivantes mais des personnes appartenant à un passé révolu – un fils tendrement aimé pour Balling[10], quelque autorité parentale respectée et admirée (ou certains de ses substituts) pour Blyenbergh – et qui n'en continuent pas moins de vivre ainsi dans la mémoire de ceux qui les ont connues en perpétuant, en leur âme, certains effets, favorables ou défavorables à la mise en œuvre d'une activité intellectuelle propre.

Pourtant, Spinoza ne se contente pas de relever et de contrecarrer les effets délétères de la représentation commune du mal. En soulignant l'action des causes externes, il nous renseigne à la fois sur sa réalité, sa nature et sur le type d'efficience qu'il engage : produit par des interactions qui relèvent de la causalité transitive, l'inconscience et l'ignorance de ses mécanismes réels par les hommes en démultiplient les effets. À cet égard, l'histoire, avec ses soubresauts, ses tragédies et ses événements terribles apparaît comme le rêve éveillé (et trop souvent cauchemardesque) d'hommes qui n'arrivent pas à agir (même s'ils s'imaginent le contraire), mais ne font, à leur insu, que répercuter en leur *anima* des causes externes et, dans le monde réel, des représentations animiques. Tels les somnambules du scolie d'*E*, III, 2, ils se meuvent dans une dimension intermédiaire, ni tout à fait réelle, ni tout à fait imaginaire et la logique de leurs affects en façonne les péripéties à la manière des fléaux naturels, c'est-à-dire exactement selon les mêmes lois, ainsi que le suggère Spinoza lui-même en comparant la perte de la vue vécue par un aveugle à celle que subirait une pierre[11].

De plus, en passant de l'opposition, centrale dans les *Lettres* à Blyenbergh, entre considération en soi (ou absolue) et considération comparative (ou relative), à la distinction, dans l'*Éthique*, d'une perspective *sub specie aeternitatis*, du point de vue de la durée ou temporelle (et imaginaire), Spinoza a temporalisé la relativité et introduit l'histoire dans les interactions des hommes avec la nature et leurs semblables : il lui a donné un statut ontologique. En effet, dans ses échanges avec Blyenbergh, Spinoza distingue essentiellement des modes de penser <*modi cogitandi*> : imaginaires ou rationnels, théologiques ou philosophiques, corrélatifs du degré de structuration des appétits et des désirs et donc, de leurs visées. Ainsi, le théologien <*theologus*> ou l'homme

10 *L* 17.
11 *L* 21.

probe <*probus*> ou pieux <*pius*> tient-il le milieu entre, d'une part, l'homme ignare <*ignarus*>, malhonnête <*improbus*> ou inconscient <*inscius*> et, d'autre part, le philosophe <*philosophus*>, le sage <*sapiens*>, l'homme hautement conscient <*scius*>. Ce sont d'abord des structures appétitives, désirantes, volitives, cognitives, en un mot : psychophysiques, c'est-à-dire articulant constitutions corporelles et constitutions animiques ou mentales que Spinoza a à l'esprit[12], même s'il les analyse du point de vue de leur impact sur l'appréhension que les hommes se font du réel. En revanche, si dans l'*E* ces différences sont également très présentes, la prise en compte de la durée et la consistance ontologique dont elle se trouve créditée répondent, sur le plan théorique, au mode de penser proprement imaginatif caractéristique de la pratique pédagogique et éthique de Spinoza dans ces *Lettres*.

Pas plus séparée de la nature ou opposée à elle que ne l'est la culture, l'histoire est le produit, à un premier niveau, de la manière dont les lois universelles de la nature sont réfractées, intériorisées, subies ou, au contraire, connues et comprises, par chacune des complexions singulières qu'elle aura contribué à façonner : c'est pourquoi l'évolution de l'individu humain, la plupart du temps, n'est qu'un long advenir, tant est lente et difficile la succession des mutations structurantes qui permet à un homme d'entrer en possession de son pouvoir causal propre. Blyenbergh, pourtant adulte, économiquement indépendant et socialement actif, incarne cette difficulté, car si ses questions sont bien les siennes et s'il fait souvent preuve de perspicacité, il ne parvient pas, malgré sa bonne volonté, à comprendre et à s'approprier les réponses pourtant précises et complètes que lui fait Spinoza. C'est sans doute que penser n'est pas uniquement affaire d'intelligence.

À un deuxième niveau, l'histoire est le produit des rapports d'opposition, de composition ou de dissolution, d'intégration ou d'exclusion, de contagion affective ou d'isolement animique, etc., qui se nouent entre individus d'un même groupe ou d'une même société : de même qu'en l'individu, c'est la proportion respective des idées adéquates ou inadéquates qui décide de sa liberté, de même, alors, serait-ce la proportion des adultes ayant accédé à la moralité commune <*pieta*>, à la vertu <*virtu*> ou à la sagesse <*sapientia*> qui fixerait son avenir. Cette perspective est, certes, juste, dans la mesure où Spinoza oppose

12 De même que dans la *L* 17 à Balling.

fermement vertu et fortune[13]. Il n'est cependant pas possible de s'en contenter, et, notamment, de tenir pour négligeable non seulement la structure des institutions politiques, à laquelle, comme on le sait, Spinoza accorde une grande importance, mais aussi la fragilité animique constitutive de l'homme face aux causes externes. La manière dont un groupe fonctionne et se constitue tient beaucoup à son imaginaire et à la représentation symbolique dont il se dote de lui-même : autrement dit, elle met en jeu des ressorts narcissiques et infantiles qui sont susceptibles de ressurgir inopinément lorsque, en cas de crise, la contention sociale et morale assurée par le tout du groupe – seul surmoi <*Überich*> que connaisse, bien souvent, l'individu –, s'effondre. La différence qui sépare l'homme pieux ou moral <*pius*> et le sage <*sapiens*> ne détermine donc pas seulement la nature de leur salut respectif, mais aussi leur degré de résistance à la régression, à la manipulation, à la déstructuration animique qui paralyse et inhibe la puissance de penser.

Dans une étude intitulée « "Bêtes ou automates". La différence anthropologique dans la politique spinoziste[14] », L. Bove montre que « l'infirmation[15] » de la raison en l'homme constitue l'effet politique de deux négations possibles de sa nature, référées respectivement aux double « paradigme hébreu » ou « turc[16] » présent dans les textes spinoziens, la première par réduction, par la terreur, à une forme d'animalité spécifique à l'homme, la seconde par l'imposition de croyances par une « relation de pouvoir[17] » telle « qu'elle détermine, pour l'éternité, les liens coopératifs en régime d'hétéronomie radicale dont la dynamique est alors celle d'une parfaite reproduction uniforme[18] ». Mais si l'animalisation ou l'automation permettent effectivement de rendre compte de certaines formes d'impuissance rationnelle historiquement calamiteuses dès lors qu'elles contaminent la multitude, du moins peut-on supposer qu'elles n'imposent pas nécessairement un changement d'essence irréversible à l'individu et que, recouvrant des conditions d'existence plus favorables à

13 Ainsi que le fait remarquer P.-Fr. Moreau, en référence au chapitre III du *TTP*, « les sociétés civiles sont plus ou moins soumises à la fortune suivant que les hommes qui s'en occupent sont plus ou moins vertueux », *Spinoza. L'expérience et l'éternité*, *op. cit.*, p. 483.

14 *Lectures contemporaines de Spinoza*, ss la dir. de P.-Fr. Moreau, Cl. Cohen-Boulakia et M. Delbraccio, Paris, PUPS, 2012, p. 157-178.

15 *Ibid.*, p. 160.

16 *Ibid.*, p. 172.

17 *Ibid.*, p. 174.

18 *Ibid.*

une « interrogation radicale sur sa propre vie[19] » et à « une pensée libre de toute domination[20] », il voit alors à nouveau ses aptitudes s'affirmer. Ce dont témoigne Néron, en revanche, s'apparente à une destruction <*destructio*>, c'est-à-dire à une mutation destructurante dont les conséquences s'avèrent, en fait sinon en droit, irréversibles.

À cet égard, il est logique de soutenir qu'il peut y avoir des meurtres de l'âme aussi bien que du corps : ceux qui, particulièrement durant l'enfance de l'individu – période où il est le plus vulnérable en raison de l'instabilité de son équilibre – se comportent de manière à nier, dans les faits ou dans la pensée de l'enfant, par leurs paroles ou leurs actes, les possibles qu'il imagine de lui-même à une époque future[21], commettent, à des degrés divers, ce type d'atteintes ou d'agressions disséminatrices de désespoir. Leurs conséquences, d'ailleurs, ne prendront pas nécessairement, comme chez Néron, la forme d'une régression ou d'un effondrement : il suffit, pour qu'elles soient irrémédiables, de l'empêcher d'advenir à soi. Les parents et les pédagogues, parfois, l'ignorent ou l'oublient.

Parce que chaque individualité psychophysique est singulière, les hommes ont tous quelque chose à dire ; mais parce que les aléas de leur existence et de leurs apprentissages les façonnent, beaucoup, comme Boxel, Burgh ou Blyenbergh, n'accèdent pas à la formation intellectuelle et/ou à l'état animique qui leur permettraient d'affirmer suffisamment leurs aptitudes pour le faire. Ceux-là mêmes que leur expérience marginale semblerait destiner, par son écart vis-à-vis du sort commun, à avoir certaines choses à apprendre aux autres, sont souvent, aussi, les plus démunis et les moins écoutés[22]. D'autres, soumis, en leur *anima*, à des figures de l'autorité qui les ont extérieurement moralisés mais dont ils ont aussi intériorisé la domination sans pouvoir s'en distinguer, sont en quête d'une autorité extérieure qui leur donnera la consistance animique dont ils manquent[23], d'autres encore croient n'être pas autorisés à penser ou, au contraire, s'imaginent qu'ils le font. Aussi les groupes

19 *Ibid.*, p. 175.
20 *Ibid.*
21 *E*, III, Déf. des Aff., 28, expl.
22 Ainsi, par exemple, de la pauvreté, dont L. Bove souligne à quel point « Elle décape de toute illusion », *Albert Camus, de la transfiguration. Pour une expérimentation vitale de l'immanence*, *op. cit.*, p. 25.
23 *La mort est mon métier* (Paris, Gallimard, 1977), de R. Merle, en donne une illustration remarquable.

qui se replient sur eux-mêmes et où la fragilité animique du plus grand nombre l'expose à la séduction narcissique de figures autoritaires dont la survie mentale, parfois, semble dépendre de l'adulation qu'elles réussissent à susciter, sont-ils aussi ceux qui s'éloignent d'un fonctionnement démocratique.

Dans cette perspective, il n'est pas anodin que Spinoza et Freud aient tous deux insisté sur l'importance du travail[24] pour structurer et stabiliser les individus comme les sociétés : d'abord parce que, d'un point de vue économique, toute puissance ou énergie investie dans le travail est soustraite aux affects. Ensuite, parce que l'accroissement de la part rationnelle de l'âme <*mens*>, chez Spinoza, et la sublimation <*Sublimierung*>, chez Freud, sont respectivement la voie qui mène à la béatitude et, plus prosaïquement, à une maîtrise des pulsions qui ne se contente pas d'empêcher leur satisfaction[25]. C'est un aspect que prend nécessairement en compte toute vigilance prophylactique vis-à-vis de l'histoire, ce dont l'expérience politique des hommes témoigne. Bien qu'il soit loin d'être le seul, ni peut-être le plus important, il a la particularité de pouvoir articuler les soins du corps, par l'indépendance économique qu'il procure, de l'*anima*, par les gratifications narcissiques et la reconnaissance professionnelle et sociale dont il s'accompagne, et de l'intellect, par la sollicitation de son activité. Une société convenant à ses membres devrait donc pouvoir leur procurer ce type d'accomplissement, même si, bien souvent, les trois se trouvent dissociés.

24 Pourvu qu'il soit librement choisi.

25 Nous ne voulons pas dire par là qu'il s'agit de la même chose.

INDEX NOMINUM

Blyenbergh, Freud et Spinoza ne figurent pas dans l'index.

TABLE DES MATIÈRES

IMPRIM'VERT®

Achevé d'imprimer par Corlet Numérique,
Ã Condé-sur-Noireau (Calvados), en septembre 2017
N° d'impression : 141024 – Dépôt légal : septembre 2017
Imprimé en France